TRANZLATY

La Langue est pour tout le Monde
Езикът е за всички

L'appel de la forêt

Дивото зове

Jack London
Джак Лондон

Français / Български

Copyright © 2025 Tranzlaty
All rights reserved
Published by Tranzlaty
ISBN: 978-1-80572-824-5
Original text by Jack London
The Call of the Wild
First published in 1903
www.tranzlaty.com

Dans le primitif
В примитивното

Buck ne lisait pas les journaux.
Бък не четеше вестници.
S'il avait lu les journaux, il aurait su que des problèmes se préparaient.
Ако беше чел вестниците, щеше да знае, че се задават проблеми.
Il y avait des problèmes non seulement pour lui-même, mais pour tous les chiens de la marée.
Имаше проблеми не само за него, но и за всяко куче, живеещо в приливна вода.
Tout chien musclé et aux poils longs et chauds allait avoir des ennuis.
Всяко куче, силно мускулесто и с топла, дълга козина, щеше да си има проблеми.
De Puget Bay à San Diego, aucun chien ne pouvait échapper à ce qui allait arriver.
От Пюджет Бей до Сан Диего никое куче не можеше да избегне това, което предстоеше.
Des hommes, tâtonnant dans l'obscurité de l'Arctique, avaient trouvé un métal jaune.
Мъже, опипвайки арктическия мрак, бяха открили жълт метал.
Les compagnies de navigation et de transport étaient à la recherche de cette découverte.
Параходните и транспортните компании преследваха откритието.
Des milliers d'hommes se précipitaient vers le Nord.
Хиляди мъже се втурваха към Северната земя.
Ces hommes voulaient des chiens, et les chiens qu'ils voulaient étaient des chiens lourds.
Тези мъже искаха кучета, а кучетата, които искаха, бяха тежки кучета.
Chiens dotés de muscles puissants pour travailler.
Кучета със силни мускули, с които да се трудят.

Chiens avec des manteaux de fourrure pour les protéger du gel.
Кучета с космата козина, която да ги предпазва от студа.

Buck vivait dans une grande maison dans la vallée ensoleillée de Santa Clara.
Бък живееше в голяма къща в слънчевата долина Санта Клара.

La maison du juge Miller s'appelait ainsi.
Наричаше се къщата на съдия Милър.

Sa maison se trouvait en retrait de la route, à moitié cachée parmi les arbres.
Къщата му стоеше встрани от пътя, полускрита сред дърветата.

On pouvait apercevoir la large véranda qui courait autour de la maison.
Човек можеше да зърне широката веранда, обграждаща къщата.

On accédait à la maison par des allées gravillonnées.
До къщата се водеше по чакълести алеи.

Les sentiers serpentaient à travers de vastes pelouses.
Пътеките се виеха през обширни тревни площи.

Au-dessus de nos têtes se trouvaient les branches entrelacées de grands peupliers.
Над главите им се преплитаха клоните на високи тополи.

À l'arrière de la maison, les choses étaient encore plus spacieuses.
В задната част на къщата нещата бяха още по-просторни.

Il y avait de grandes écuries, où une douzaine de palefreniers discutaient
Имаше големи конюшни, където дузина коняри си бъбреха

Il y avait des rangées de maisons de serviteurs recouvertes de vigne
Имаше редици от облицовани с лозови настилки за слуги

Et il y avait une gamme infinie et ordonnée de toilettes extérieures

И имаше безкраен и подреден набор от външни постройки

Longues tonnelles de vigne, pâturages verts, vergers et parcelles de baies.

Дълги лозови беседки, зелени пасища, овощни градини и ягодоплодни лехи.

Ensuite, il y avait l'usine de pompage du puits artésien.

След това имаше помпена инсталация за артезианския кладенец.

Et il y avait le grand réservoir en ciment rempli d'eau.

И там беше големият циментов резервоар, пълен с вода.

C'est ici que les garçons du juge Miller ont fait leur plongeon matinal.

Тук момчетата на съдия Милър се гмурнаха сутринта.

Et ils se sont rafraîchis là-bas aussi dans l'après-midi chaud.

И те се разхладиха там в горещия следобед.

Et sur ce grand domaine, Buck était celui qui régnait sur tout.

И над това голямо владение, Бък беше този, който управляваше всичко.

Buck est né sur cette terre et y a vécu toutes ses quatre années.

Бък е роден на тази земя и е живял тук през всичките си четири години.

Il y avait bien d'autres chiens, mais ils n'avaient pas vraiment d'importance.

Наистина имаше и други кучета, но те всъщност нямаха значение.

D'autres chiens étaient attendus dans un endroit aussi vaste que celui-ci.

На толкова огромно място се очакваха и други кучета.

Ces chiens allaient et venaient, ou vivaient à l'intérieur des chenils très fréquentés.

Тези кучета идваха и си отиваха или живееха в оживените развъдници.

Certains chiens vivaient cachés dans la maison, comme Toots et Ysabel.

Някои кучета живееха скрити в къщата, като Тутс и Изабел.
Toots était un carlin japonais, Ysabel un chien nu mexicain.
Тутс беше японски мопс, а Изабел - мексиканско куче без козина.
Ces étranges créatures sortaient rarement de la maison.
Тези странни същества рядко излизаха извън къщата.
Ils n'ont pas touché le sol, ni respiré l'air libre à l'extérieur.
Те не докосваха земята, нито подушваха открития въздух навън.
Il y avait aussi les fox-terriers, au moins une vingtaine.
Имаше и фокстериери, поне двадесет на брой.
Ces terriers aboyaient férocement sur Toots et Ysabel à l'intérieur.
Тези териери лаеха яростно по Тутс и Изабел вътре.
Toots et Ysabel sont restés derrière les fenêtres, à l'abri du danger.
Тутс и Изабел останаха зад прозорците, в безопасност.
Ils étaient gardés par des domestiques munies de balais et de serpillères.
Те бяха пазени от домашни прислужници с метли и мопове.
Mais Buck n'était pas un chien de maison, et il n'était pas non plus un chien de chenil.
Но Бък не беше домашно куче, нито пък беше куче за развъдник.
L'ensemble de la propriété appartenait à Buck comme son royaume légitime.
Целият имот принадлежеше на Бък като негово законно владение.
Buck nageait dans le réservoir ou partait à la chasse avec les fils du juge.
Бък плуваше в резервоара или ходеше на лов със синовете на съдията.
Il marchait avec Mollie et Alice tôt ou tard le soir.
Той се разхождаше с Моли и Алис в ранните или късните часове.

Lors des nuits froides, il s'allongeait devant le feu de la bibliothèque avec le juge.
В студените нощи той лежеше пред камината в библиотеката със съдията.
Buck a promené les petits-fils du juge sur son dos robuste.
Бък возеше внуците на съдията на силния си гръб.
Il roula dans l'herbe avec les garçons, les surveillant de près.
Той се търкаляше в тревата с момчетата, пазейки ги отблизо.
Ils s'aventurèrent jusqu'à la fontaine et même au-delà des champs de baies.
Те се осмелиха да стигнат до фонтана и дори покрай ягодовите поля.
Parmi les fox terriers, Buck marchait toujours avec une fierté royale.
Сред фокстериерите Бък винаги крачеше с кралска гордост.
Il ignora Toots et Ysabel, les traitant comme s'ils étaient de l'air.
Той игнорира Тутс и Изабел, отнасяйки се с тях сякаш бяха въздух.
Buck régnait sur toutes les créatures vivantes sur les terres du juge Miller.
Бък властваше над всички живи същества в земята на съдия Милър.
Il régnait sur les animaux, les insectes, les oiseaux et même les humains.
Той властвал над животни, насекоми, птици и дори хора.
Le père de Buck, Elmo, était un énorme et fidèle Saint-Bernard.
Бащата на Бък, Елмо, беше огромен и лоялен санбернар.
Elmo n'a jamais quitté le juge et l'a servi fidèlement.
Елмо никога не се отделяше от съдията и му служи вярно.
Buck semblait prêt à suivre le noble exemple de son père.
Бък изглеждаше готов да последва благородния пример на баща си.
Buck n'était pas aussi gros, pesant cent quarante livres.

Бък не беше чак толкова едър, тежеше сто и четиридесет паунда.
Sa mère, Shep, était un excellent chien de berger écossais.
Майка му, Шеп, беше чудесно шотландско овчарско куче.
Mais même avec ce poids, Buck marchait avec une présence royale.
Но дори и с това тегло, Бък ходеше с царствено присъствие.
Cela venait de la bonne nourriture et du respect qu'il recevait toujours.
Това идваше от добрата храна и уважението, което винаги получаваше.
Pendant quatre ans, Buck a vécu comme un noble gâté.
В продължение на четири години Бък беше живял като разглезен благородник.
Il était fier de lui, et même légèrement égoïste.
Той се гордееше със себе си и дори беше леко егоистичен.
Ce genre de fierté était courant chez les seigneurs des régions reculées.
Този вид гордост беше често срещана сред отдалечените селски лордове.
Mais Buck s'est sauvé de devenir un chien de maison choyé.
Но Бък се спаси от това да се превърне в разглезено домашно куче.
Il est resté mince et fort grâce à la chasse et à l'exercice.
Той остана строен и силен чрез лов и упражнения.
Il aimait profondément l'eau, comme les gens qui se baignent dans les lacs froids.
Той обичаше водата дълбоко, като хората, които се къпят в студени езера.
Cet amour pour l'eau a gardé Buck fort et en très bonne santé.
Тази любов към водата поддържаше Бък силен и много здрав.
C'était le chien que Buck était devenu à l'automne 1897.
Това беше кучето, в което Бък се беше превърнал през есента на 1897 г.

Lorsque la découverte du Klondike a attiré des hommes vers le Nord gelé.
Когато ударът в Клондайк привлече мъжете към замръзналия Север.

Des gens du monde entier se sont précipités vers ce pays froid.
Хора от цял свят се втурнаха в студената земя.

Buck, cependant, ne lisait pas les journaux et ne comprenait pas les nouvelles.
Бък обаче не четеше вестници, нито разбираше новини.

Il ne savait pas que Manuel était un homme désagréable à fréquenter.
Той не знаеше, че Мануел е лош човек.

Manuel, qui aidait au jardin, avait un problème grave.
Мануел, който помагаше в градината, имаше сериозен проблем.

Manuel était accro aux jeux de loterie chinois.
Мануел беше пристрастен към хазарта в китайската лотария.

Il croyait également fermement en un système fixe pour gagner.
Той също така силно вярваше във фиксирана система за победа.

Cette croyance rendait son échec certain et inévitable.
Тази вяра правеше провала му сигурен и неизбежен.

Jouer un système exige de l'argent, ce qui manquait à Manuel.
Играта по система изисква пари, каквито на Мануел му липсваха.

Son salaire suffisait à peine à subvenir aux besoins de sa femme et de ses nombreux enfants.
Заплатата му едва издържаше жена му и многото му деца.

La nuit où Manuel a trahi Buck, les choses étaient normales.
В нощта, в която Мануел предаде Бък, нещата бяха нормални.

Le juge était présent à une réunion de l'Association des producteurs de raisins secs.

Съдията беше на среща на Асоциацията на производителите на стафиди.

Les fils du juge étaient alors occupés à former un club d'athlétisme.

Синовете на съдията бяха заети с основаването на спортен клуб по това време.

Personne n'a vu Manuel et Buck sortir par le verger.

Никой не видя Мануел и Бък да си тръгват през овощната градина.

Buck pensait que cette promenade n'était qu'une simple promenade nocturne.

Бък си помисли, че тази разходка е просто обикновена нощна разходка.

Ils n'ont rencontré qu'un seul homme à la station du drapeau, à College Park.

Срещнаха само един мъж на станцията за флагове в Колидж Парк.

Cet homme a parlé à Manuel et ils ont échangé de l'argent.

Този човек разговарял с Мануел и те си разменили пари.

« Emballez les marchandises avant de les livrer », a-t-il suggéré.

„Опаковайте стоките, преди да ги доставите", предложи той.

La voix de l'homme était rauque et impatiente lorsqu'il parlait.

Гласът на мъжа беше дрезгав и нетърпелив, докато говореше.

Manuel a soigneusement attaché une corde épaisse autour du cou de Buck.

Мануел внимателно завърза дебело въже около врата на Бък.

« Tournez la corde et vous l'étoufferez abondamment »

„Усукай въжето и ще го задавиш яко."

L'étranger émit un grognement, montrant qu'il comprenait bien.

Непознатият изсумтя, показвайки, че е разбрал добре.

Buck a accepté la corde avec calme et dignité tranquille ce jour-là.
В онзи ден Бък прие въжето със спокойно и тихо достойнство.

C'était un acte inhabituel, mais Buck faisait confiance aux hommes qu'il connaissait.
Това беше необичайна постъпка, но Бък се доверяваше на мъжете, които познаваше.

Il croyait que leur sagesse allait bien au-delà de sa propre pensée.
Той вярваше, че тяхната мъдрост далеч надхвърля собственото му мислене.

Mais ensuite la corde fut remise entre les mains de l'étranger.
Но тогава въжето беше предадено в ръцете на непознатия.

Buck émit un grognement sourd qui avertissait avec une menace silencieuse.
Бък изръмжа тихо, предупредително с тиха заплаха.

Il était fier et autoritaire, et voulait montrer son mécontentement.
Той беше горд и властен и възнамеряваше да покаже недоволството си.

Buck pensait que son avertissement serait compris comme un ordre.
Бък вярваше, че предупреждението му ще бъде разбрано като заповед.

À sa grande surprise, la corde se resserra rapidement autour de son cou épais.
За негов шок, въжето се стегна бързо около дебелия му врат.

Son air fut coupé et il commença à se battre dans une rage soudaine.
Дишането му спря и той започна да се бори, обзет от внезапен гняв.

Il s'est jeté sur l'homme, qui a rapidement rencontré Buck en plein vol.
Той скочи към мъжа, който бързо срещна Бък във въздуха.

L'homme attrapa Buck par la gorge et le fit habilement tourner dans les airs.

Мъжът сграбчи Бък за гърлото и умело го завъртя във въздуха.

Buck a été violemment projeté au sol, atterrissant à plat sur le dos.

Бък беше силно хвърлен надолу и се приземи по гръб.

La corde l'étranglait alors cruellement tandis qu'il donnait des coups de pied sauvages.

Въжето сега го души жестоко, докато той риташе диво.

Sa langue tomba, sa poitrine se souleva, mais il ne reprit pas son souffle.

Езикът му изхлузи, гърдите му се повдигнаха, но не си пое дъх.

Il n'avait jamais été traité avec une telle violence de sa vie.

Никога през живота си не се беше отнасял с такова насилие.

Il n'avait jamais été rempli d'une fureur aussi profonde auparavant.

Той също така никога преди не беше изпитвал такава дълбока ярост.

Mais le pouvoir de Buck s'est estompé et ses yeux sont devenus vitreux.

Но силата на Бък избледня и очите му се замъглиха.

Il s'est évanoui juste au moment où un train s'arrêtait à proximité.

Той припадна точно когато наблизо спря влак.

Les deux hommes le jetèrent alors rapidement dans le fourgon à bagages.

След това двамата мъже бързо го хвърлиха във вагона за багаж.

La chose suivante que Buck ressentit fut une douleur dans sa langue enflée.

Следващото нещо, което Бък почувства, беше болка в подутия си език.

Il se déplaçait dans un chariot tremblant, à peine conscient.

Той се движеше в трепереща каруца, само смътно съзнавайки всичко.

Le cri aigu d'un sifflet de train indiqua à Buck où il se trouvait.

Острият писък на влакова свирка подсказа на Бък местоположението му.

Il avait souvent roulé avec le juge et connaissait ce sentiment.

Той често беше яздил със Съдията и познаваше чувството.

C'était le choc unique de voyager à nouveau dans un fourgon à bagages.

Това беше отново онова неповторимо усещане от пътуването в багажен вагон.

Buck ouvrit les yeux et son regard brûla de rage.

Бък отвори очи и погледът му горяше от ярост.

C'était la colère d'un roi fier déchu de son trône.

Това беше гневът на горд цар, свален от трона си.

Un homme a tenté de l'attraper, mais Buck a frappé en premier.

Един мъж се протегна да го хване, но Бък удари пръв.

Il enfonça ses dents dans la main de l'homme et la serra fermement.

Той заби зъби в ръката на мъжа и я стисна здраво.

Il ne l'a pas lâché jusqu'à ce qu'il s'évanouisse une deuxième fois.

Той не го пусна, докато не загуби съзнание за втори път.

« Ouais, il a des crises », murmura l'homme au bagagiste.

— Да, има припадъци — промърмори мъжът на багажника.

Le bagagiste avait entendu la lutte et s'était approché.

Багажникът беше чул боричкането и се беше приближил.

« Je l'emmène à Frisco pour le patron », a expliqué l'homme.

„Водя го във Сан Франциско заради шефа", обясни мъжът.

« Il y a un excellent vétérinaire qui dit pouvoir les guérir. »

„Там има един добър кучешки лекар, който казва, че може да ги излекува."

Plus tard dans la soirée, l'homme a donné son propre récit complet.
По-късно същата вечер мъжът даде пълния си разказ.
Il parlait depuis un hangar derrière un saloon sur les quais.
Той говореше от навес зад един салун на доковете.
« Tout ce qu'on m'a donné, c'était cinquante dollars », se plaignit-il au vendeur du saloon.
„Всичко, което ми дадоха, бяха петдесет долара", оплака се той на собственика на салуна.
« Je ne le referais pas, même pour mille dollars en espèces. »
„Не бих го направил отново, дори и за хиляда в брой."
Sa main droite était étroitement enveloppée dans un tissu ensanglanté.
Дясната му ръка беше плътно увита в окървавена кърпа.
Son pantalon était déchiré du genou au pied.
Крачолът му беше широко разкъсан от коляното до петите.
« Combien a été payé l'autre idiot ? » demanda le vendeur du saloon.
„Колко е получил другият хал?" попита кръчмарят.
« Cent », répondit l'homme, « il n'accepterait pas un centime de moins. »
„Сто", отвърнал мъжът, „не би взел и цент по-малко."
« Cela fait cent cinquante », dit le vendeur du saloon.
— Това прави сто и петдесет — каза кръчмарят.
« Et il vaut tout ça, sinon je ne suis pas meilleur qu'un imbécile. »
„И той си заслужава всичко, иначе не съм нищо повече от глупак."
L'homme ouvrit les emballages pour examiner sa main.
Мъжът отвори опаковката, за да огледа ръката си.
La main était gravement déchirée et couverte de sang séché.
Ръката беше силно разкъсана и покрита със засъхнала кръв.
« Si je n'ai pas l' hydrophobie… » commença-t-il à dire.
„Ако не получа хидрофобия...", започна той.
« Ce sera parce que tu es né pour être pendu », dit-il en riant.

„Ще е защото си роден да бесиш" – чу се смях.
« Viens m'aider avant de partir », lui a-t-on demandé.
„Ела да ми помогнеш, преди да тръгнеш", помолиха го.
Buck était dans un état second à cause de la douleur dans sa langue et sa gorge.
Бък беше замаян от болката в езика и гърлото си.
Il était à moitié étranglé et pouvait à peine se tenir debout.
Той беше полуудушен и едва можеше да се държи изправен.
Pourtant, Buck essayait de faire face aux hommes qui l'avaient blessé ainsi.
Въпреки това Бък се опита да се изправи срещу мъжете, които го бяха наранили толкова много.
Mais ils le jetèrent à terre et l'étranglèrent une fois de plus.
Но те го хвърлиха на земята и го задушиха отново.
Ce n'est qu'à ce moment-là qu'ils ont pu scier son lourd collier de laiton.
Едва тогава можеха да отрежат тежката му месингова яка.
Ils ont retiré la corde et l'ont poussé dans une caisse.
Махнаха въжето и го натикаха в сандък.
La caisse était petite et avait la forme d'une cage en fer brut.
Щандът беше малък и оформен като груба желязна клетка.
Buck resta allongé là toute la nuit, rempli de colère et d'orgueil blessé.
Бък лежа там цяла нощ, изпълнен с гняв и наранена гордост.
Il ne pouvait pas commencer à comprendre ce qui lui arrivait.
Той не можеше да започне да разбира какво му се случва.
Pourquoi ces hommes étranges le gardaient-ils dans cette petite caisse ?
Защо тези странни мъже го държаха в този малък сандък?
Que voulaient-ils de lui et pourquoi cette cruelle captivité ?
Какво искаха от него и защо този жесток плен?
Il ressentait une pression sombre, un sentiment de catastrophe qui se rapprochait.

Той усети мрачен натиск; предчувствие за приближаваща катастрофа.
C'était une peur vague, mais elle pesait lourdement sur son esprit.
Беше смътен страх, но той силно го смаза.
Il a sursauté à plusieurs reprises lorsque la porte du hangar a claqué.
Няколко пъти той скачаше, когато вратата на бараката тракаше.
Il s'attendait à ce que le juge ou les garçons apparaissent et le sauvent.
Той очакваше Съдията или момчетата да се появят и да го спасят.
Mais à chaque fois, seul le gros visage du tenancier de bar apparaissait à l'intérieur.
Но само дебелото лице на кръчмаря надничаше вътре всеки път.
Le visage de l'homme était éclairé par la faible lueur d'une bougie de suif.
Лицето на мъжа беше осветено от слабата светлина на лоена свещ.
À chaque fois, l'aboiement joyeux de Buck se transformait en un grognement bas et colérique.
Всеки път радостният лай на Бък се променяше в ниско, гневно ръмжене.

Le tenancier du saloon l'a laissé seul pour la nuit dans la caisse
Собственикът на кръчмата го остави сам за през нощта в клетката
Mais quand il se réveilla le matin, d'autres hommes arrivèrent.
Но когато се събуди сутринта, идваха още мъже.
Quatre hommes sont venus et ont ramassé la caisse avec précaution, sans un mot.
Четирима мъже дойдоха и предпазливо вдигнаха сандъка, без да кажат нито дума.

Buck comprit immédiatement dans quelle situation il se trouvait.
Бък веднага разбра в какво положение се намира.
Ils étaient d'autres bourreaux qu'il devait combattre et craindre.
Те бяха още мъчители, с които той трябваше да се бори и от които да се страхува.
Ces hommes avaient l'air méchants, en haillons et très mal soignés.
Тези мъже изглеждаха зли, дрипави и много зле поддържани.
Buck grogna et se jeta férocement sur eux à travers les barreaux.
Бък изръмжа и се нахвърли яростно върху тях през решетките.
Ils se sont contentés de rire et de le frapper avec de longs bâtons en bois.
Те само се смееха и го бодеха с дълги дървени пръчки.
Buck a mordu les bâtons, puis s'est rendu compte que c'était ce qu'ils aimaient.
Бък захапа пръчките, после осъзна, че точно това им харесва.
Il s'allongea donc tranquillement, maussade et brûlant d'une rage silencieuse.
И така, той легна тихо, навъсен и горящ от тиха ярост.
Ils ont soulevé la caisse dans un chariot et sont partis avec lui.
Те качиха сандъка в каруца и отпътуваха с него.
La caisse, avec Buck enfermé à l'intérieur, changeait souvent de mains.
Щандът, в който Бък беше заключен вътре, често сменяше собственика си.
Les employés du bureau express ont pris les choses en main et l'ont traité brièvement.
Служителите от експресната служба поеха контрола и се справиха с него за кратко.

Puis un autre chariot transporta Buck à travers la ville bruyante.
След това друга каруца прекара Бък през шумния град.
Un camion l'a emmené avec des cartons et des colis sur un ferry.
Камион го закарал с кутии и пакети на ферибот.
Après la traversée, le camion l'a déchargé dans un dépôt ferroviaire.
След като пресече, камионът го разтовари на железопътна гара.
Finalement, Buck fut placé dans une voiture express en attente.
Накрая Бък беше настанен в чакащ експресен вагон.
Pendant deux jours et deux nuits, les trains ont emporté la voiture express.
В продължение на два дни и нощи влаковете отдалечаваха експресния вагон.
Buck n'a ni mangé ni bu pendant tout le douloureux voyage.
Бък нито яде, нито пи през цялото мъчително пътуване.
Lorsque les messagers express ont essayé de l'approcher, il a grogné.
Когато куриерите се опитаха да се приближат до него, той изръмжа.
Ils ont réagi en se moquant de lui et en le taquinant cruellement.
Те отговориха, като му се подиграваха и го дразнеха жестоко.
Buck se jeta sur les barreaux, écumant et tremblant
Бък се хвърли върху решетките, разпенен и трепещ
ils ont ri bruyamment et l'ont raillé comme des brutes de cour d'école.
Те се смееха шумно и му се подиграваха като училищни побойници.
Ils aboyaient comme de faux chiens et battaient des bras.
Те лаеха като фалшиви кучета и размахваха ръце.
Ils ont même chanté comme des coqs juste pour le contrarier davantage.

Те дори пееха като петли, само за да го разстроят още повече.
C'était un comportement stupide, et Buck savait que c'était ridicule.
Това беше глупаво поведение и Бък знаеше, че е нелепо.
Mais cela n'a fait qu'approfondir son sentiment d'indignation et de honte.
Но това само задълбочи чувството му на възмущение и срам.
Il n'a pas été trop dérangé par la faim pendant le voyage.
Не го притесняваше особено гладът по време на пътуването.
Mais la soif provoquait une douleur aiguë et une souffrance insupportable.
Но жаждата носеше остра болка и непоносимо страдание.
Sa gorge sèche et enflammée et sa langue brûlaient de chaleur.
Сухото му, възпалено гърло и език горяха от топлина.
Cette douleur alimentait la fièvre qui montait dans son corps fier.
Тази болка подхранваше треската, която се надигаше в гордото му тяло.
Buck était reconnaissant pour une seule chose au cours de ce procès.
Бък беше благодарен за едно-единствено нещо по време на това изпитание.
La corde avait été retirée de son cou épais.
Въжето беше свалено от дебелия му врат.
La corde avait donné à ces hommes un avantage injuste et cruel.
Въжето беше дало на тези мъже несправедливо и жестоко предимство.
Maintenant, la corde avait disparu et Buck jura qu'elle ne reviendrait jamais.
Сега въжето го нямаше и Бък се закле, че никога няма да се върне.

Il a décidé qu'aucune corde ne passerait plus jamais autour de son cou.
Той реши никога повече да не увие въже около врата си.
Pendant deux longs jours et deux longues nuits, il souffrit sans nourriture.
В продължение на два дълги дни и нощи той страдаше без храна.
Et pendant ces heures, il a développé une énorme rage en lui.
И в тези часове той натрупа в себе си огромна ярост.
Ses yeux sont devenus injectés de sang et sauvages à cause d'une colère constante.
Очите му станаха кръвясали и диви от постоянен гняв.
Il n'était plus Buck, mais un démon aux mâchoires claquantes.
Той вече не беше Бък, а демон със щракащи челюсти.
Même le juge n'aurait pas reconnu cette créature folle.
Дори Съдията не би познал това лудо същество.
Les messagers express ont soupiré de soulagement lorsqu'ils ont atteint Seattle
Куриерите въздъхнаха с облекчение, когато стигнаха до Сиатъл
Quatre hommes ont soulevé la caisse et l'ont amenée dans une cour arrière.
Четирима мъже вдигнаха сандъка и го занесоха в задния двор.
La cour était petite, entourée de murs hauts et solides.
Дворът беше малък, ограден с високи и солидни стени.
Un grand homme sortit, vêtu d'un pull rouge affaissé.
Едър мъж излезе с увиснала червена риза-пуловер.
Il a signé le carnet de livraison d'une écriture épaisse et audacieuse.
Той подписа книгата за доставки с дебел и дебел почерк.
Buck sentit immédiatement que cet homme était son prochain bourreau.
Бък веднага усети, че този мъж е следващият му мъчител.

Il se jeta violemment sur les barreaux, les yeux rouges de fureur.
Той се нахвърли яростно върху решетките, очите му бяха зачервени от ярост.
L'homme sourit simplement sombrement et alla chercher une hachette.
Мъжът само се усмихна мрачно и отиде да донесе брадва.
Il portait également une massue dans sa main droite épaisse et forte.
Той също така донесе тояга в дебелата си и силна дясна ръка.
« Tu vas le sortir maintenant ? » demanda le chauffeur, inquiet.
— Ще го изведеш ли сега? — попита загрижено шофьорът.
« Bien sûr », dit l'homme en enfonçant la hachette dans la caisse comme levier.
— Разбира се — каза мъжът, забивайки брадвичката в сандъка като лост.
Les quatre hommes se dispersèrent instantanément et sautèrent sur le mur de la cour.
Четиримата мъже се разпръснаха мигновено, скачайки върху стената на двора.
Depuis leurs endroits sûrs, ils attendaient d'assister au spectacle.
От безопасните си места горе те чакаха да наблюдават зрелището.
Buck se jeta sur le bois éclaté, le mordant et le secouant violemment.
Бък се нахвърли върху разцепеното дърво, хапейки и треперейки яростно.
Chaque fois que la hachette touchait la cage, Buck était là pour l'attaquer.
Всеки път, когато брадвата удряше клетката, Бък беше там, за да я атакува.
Il grogna et claqua des dents avec une rage folle, impatient d'être libéré.

Той ръмжеше и щракаше с дива ярост, нетърпелив да бъде освободен.
L'homme dehors était calme et stable, concentré sur sa tâche.
Мъжът отвън беше спокоен и уравновесен, съсредоточен върху задачата си.
« Bon, alors, espèce de diable aux yeux rouges », dit-il lorsque le trou fut grand.
— Добре тогава, червенооки дяволче — каза той, когато дупката стана голяма.
Il laissa tomber la hachette et prit le gourdin dans sa main droite.
Той хвърли брадвата и взе тоягата в дясната си ръка.
Buck ressemblait vraiment à un diable ; les yeux injectés de sang et flamboyants.
Бък наистина приличаше на дявол; очи кръвясали и пламтящи.
Son pelage se hérissait, de la mousse s'échappait de sa bouche, ses yeux brillaient.
Козината му настръхна, пяна се издигна от устата му, очите му блестяха.
Il rassembla ses muscles et se jeta directement sur le pull rouge.
Той стегна мускули и се хвърли право към червения пуловер.
Cent quarante livres de fureur s'abattèrent sur l'homme calme.
Сто и четиридесет паунда ярост полетяха към спокойния мъж.
Juste avant que ses mâchoires ne se referment, un coup terrible le frappa.
Точно преди челюстите му да се стиснат, го удари ужасен удар.
Ses dents claquèrent l'une contre l'autre, rien d'autre que l'air
Зъбите му щракнаха само във въздуха
une secousse de douleur résonna dans son corps
пронизителна болка прониза тялото му

Il a fait un saut périlleux en plein vol et s'est écrasé sur le dos et sur le côté.
Той се преобърна във въздуха и се срина по гръб и настрани.
Il n'avait jamais ressenti auparavant le coup d'un gourdin et ne pouvait pas le saisir.
Никога преди не беше усещал удар с тояга и не можеше да го схване.
Avec un grognement strident, mi-aboiement, mi-cri, il bondit à nouveau.
С пронизително ръмжене, отчасти лай, отчасти писък, той скочи отново.
Un autre coup brutal le frappa et le projeta au sol.
Още един жесток удар го удари и го хвърли на земята.
Cette fois, Buck comprit : c'était la lourde massue de l'homme.
Този път Бък разбра — това беше тежката тояга на мъжа.
Mais la rage l'aveuglait, et il n'avait aucune idée de retraite.
Но яростта го заслепи и той не помисли за отстъпление.
Douze fois il s'est lancé et douze fois il est tombé.
Дванадесет пъти се хвърли и дванадесет пъти падна.
Le gourdin en bois le frappait à chaque fois avec une force impitoyable et écrasante.
Дървената тояга го разбиваше всеки път с безмилостна, смазваща сила.
Après un coup violent, il se releva en titubant, étourdi et lent.
След един силен удар, той се изправи на крака, замаян и бавен.
Du sang coulait de sa bouche, de son nez et même de ses oreilles.
Кръв течеше от устата, носа и дори ушите му.
Son pelage autrefois magnifique était maculé de mousse sanglante.
Някогашното му красиво палто беше оцапано с кървава пяна.

Alors l'homme s'est avancé et a donné un coup violent au nez.
Тогава мъжът се изправи и нанесе жесток удар в носа.
L'agonie était plus vive que tout ce que Buck avait jamais ressenti.
Агонията беше по-силна от всичко, което Бък някога беше изпитвал.
Avec un rugissement plus bête que chien, il bondit à nouveau pour attaquer.
С рев, по-скоро зверски, отколкото кучешки, той отново скочи, за да атакува.
Mais l'homme attrapa sa mâchoire inférieure et la tourna vers l'arrière.
Но мъжът хвана долната му челюст и я изви назад.
Buck fit un saut périlleux et s'écrasa à nouveau violemment.
Бък се преобърна с главата надолу и отново се срина силно.
Une dernière fois, Buck se précipita sur lui, maintenant à peine capable de se tenir debout.
За последен път Бък се нахвърли върху него, едва издържайки на краката.
L'homme a frappé avec un timing expert, délivrant le coup final.
Мъжът удари с експертно прецизно преценяване на времето, нанасяйки последния удар.
Buck s'est effondré, inconscient et immobile.
Бък се стропили на купчина, в безсъзнание и неподвижен.
« Il n'est pas mauvais pour dresser les chiens, c'est ce que je dis », a crié un homme.
„Не е никак слаб в обучаването на кучета, това казвам аз", извика един мъж.
« Druther peut briser la volonté d'un chien n'importe quel jour de la semaine. »
„Друтер може да пречупи волята на куче по всяко време на седмицата."
« Et deux fois un dimanche ! » a ajouté le chauffeur.
„И два пъти в неделя!", добави шофьорът.

Il monta dans le chariot et fit claquer les rênes pour partir.
Той се качи в каруцата и дръпна юздите, за да тръгне.
Buck a lentement repris le contrôle de sa conscience
Бък бавно възвърна контрола над съзнанието си
mais son corps était encore trop faible et brisé pour bouger.
но тялото му все още беше твърде слабо и съкрушено, за да се движи.
Il resta allongé là où il était tombé, regardant l'homme au pull rouge.
Той лежеше там, където беше паднал, и наблюдаваше мъжа с червен пуловер.
« Il répond au nom de Buck », dit l'homme en lisant à haute voix.
— Откликва на името Бък — каза мъжът, четейки на глас.
Il a cité la note envoyée avec la caisse de Buck et les détails.
Той цитира бележката, изпратена със сандъка на Бък, и подробностите.
« Eh bien, Buck, mon garçon », continua l'homme d'un ton amical,
— Е, Бък, момчето ми — продължи мъжът с приятелски тон,
« Nous avons eu notre petite dispute, et maintenant c'est fini entre nous. »
„Скарахме се малко и сега всичко между нас приключи."
« Tu as appris à connaître ta place, et j'ai appris à connaître la mienne », a-t-il ajouté.
„Ти си научил мястото си, а аз научих моето", добави той.
« Sois sage, tout ira bien et la vie sera agréable. »
„Бъди добър и всичко ще бъде наред, а животът ще бъде приятен."
« Mais sois méchant, et je te botterai les fesses, compris ? »
„Но ако бъдеш лош, ще те пребия от бой, разбираш ли?"
Tandis qu'il parlait, il tendit la main et tapota la tête douloureuse de Buck.
Докато говореше, той протегна ръка и потупа болната глава на Бък.

Les cheveux de Buck se dressèrent au contact de l'homme, mais il ne résista pas.
Косата на Бък се надигна от докосването на мъжа, но той не се съпротивляваше.
L'homme lui apporta de l'eau, que Buck but à grandes gorgées.
Мъжът му донесе вода, която Бък изпи на големи глътки.
Puis vint la viande crue, que Buck dévora morceau par morceau.
След това дойде сурово месо, което Бък поглъщаше парче по парче.
Il savait qu'il était battu, mais il savait aussi qu'il n'était pas brisé.
Той знаеше, че е победен, но знаеше също, че не е съкрушен.
Il n'avait aucune chance contre un homme armé d'une matraque.
Той нямаше никакъв шанс срещу мъж, въоръжен с тояга.
Il avait appris la vérité et il n'a jamais oublié cette leçon.
Той беше научил истината и никога не забрави този урок.
Cette arme était le début de la loi dans le nouveau monde de Buck.
Това оръжие беше началото на закона в новия свят на Бък.
C'était le début d'un ordre dur et primitif qu'il ne pouvait nier.
Това беше началото на един суров, примитивен ред, който той не можеше да отрече.
Il accepta la vérité ; ses instincts sauvages étaient désormais éveillés.
Той прие истината; дивите му инстинкти сега бяха будни.
Le monde était devenu plus dur, mais Buck l'a affronté avec courage.
Светът беше станал по-суров, но Бък смело се изправи срещу него.
Il a affronté la vie avec une prudence, une ruse et une force tranquille nouvelles.

Той посрещна живота с нова предпазливост, хитрост и тиха сила.

D'autres chiens sont arrivés, attachés dans des cordes ou des caisses comme Buck l'avait été.

Пристигнаха още кучета, вързани с въжета или сандъци, както беше Бък.

Certains chiens sont venus calmement, d'autres ont fait rage et se sont battus comme des bêtes sauvages.

Някои кучета идваха спокойно, други беснееха и се бореха като диви зверове.

Ils furent tous soumis au règne de l'homme au pull rouge.

Всички те бяха подчинени на властта на мъжа с червения пуловер.

À chaque fois, Buck regardait et voyait la même leçon se dérouler.

Всеки път Бък наблюдаваше и виждаше как се разгръща един и същ урок.

L'homme avec la massue était la loi, un maître à obéir.

Мъжът с тоягата беше закон; господар, на когото трябва да се подчинява.

Il n'avait pas besoin d'être aimé, mais il fallait qu'on lui obéisse.

Нямаше нужда да бъде харесван, но трябваше да му се подчиняват.

Buck ne s'est jamais montré flatteur ni n'a remué la queue comme le faisaient les chiens plus faibles.

Бък никога не се подмазваше, нито махаше с ръце, както правеха по-слабите кучета.

Il a vu des chiens qui avaient été battus et qui continuaient à lécher la main de l'homme.

Той видя кучета, които бяха бити, и въпреки това облизваха ръката на мъжа.

Il a vu un chien qui refusait d'obéir ou de se soumettre du tout.

Той видя едно куче, което изобщо не се подчиняваше, нито пък се покоряваше.

Ce chien s'est battu jusqu'à ce qu'il soit tué dans la bataille pour le contrôle.
Това куче се бори, докато не беше убито в битката за контрол.
Des étrangers venaient parfois voir l'homme au pull rouge.
Понякога непознати идваха да видят мъжа с червен пуловер.
Ils parlaient sur un ton étrange, suppliant, marchandant et riant.
Те говореха със странен тон, умоляваха, пазаряха се и се смееха.
Lors de l'échange d'argent, ils partaient avec un ou plusieurs chiens.
Когато се разменяха пари, те си тръгваха с едно или повече кучета.
Buck se demandait où étaient passés ces chiens, car aucun n'était jamais revenu.
Бък се зачуди къде са отишли тези кучета, защото никое никога не се е връщало.
la peur de l'inconnu envahissait Buck chaque fois qu'un homme étrange venait
Страхът от неизвестното изпълваше Бък всеки път, когато се появяваше непознат мъж.
il était content à chaque fois qu'un autre chien était pris, plutôt que lui-même.
Той се радваше всеки път, когато отвличаха друго куче, а не него самия.
Mais finalement, le tour de Buck arriva avec l'arrivée d'un homme étrange.
Но най-накрая дойде ред на Бък с появата на един странен мъж.
Il était petit, nerveux, parlait un anglais approximatif et jurait.
Той беше дребен, жилав и говореше на развален английски и ругаеше.
« Sacré-Dam ! » hurla-t-il en posant les yeux sur le corps de Buck.

„Сакредам!" извика той, когато зърна тялото на Бък.
« C'est un sacré chien tyrannique ! Hein ? Combien ? » demanda-t-il à voix haute.
„Това е едно проклето куче-таксист! А? Колко?" попита той на глас.
« Trois cents, et c'est un cadeau à ce prix-là. »
„Триста, а на тази цена е подарък."
« Puisque c'est de l'argent du gouvernement, tu ne devrais pas te plaindre, Perrault. »
„Тъй като това са държавни пари, не бива да се оплакваш, Перо."
Perrault sourit à l'idée de l'accord qu'il venait de conclure avec cet homme.
Перо се ухили на сделката, която току-що беше сключил с мъжа.
Le prix des chiens a grimpé en flèche en raison de la demande soudaine.
Цената на кучетата се беше покачила рязко поради внезапното търсене.
Trois cents dollars, ce n'était pas injuste pour une si belle bête.
Триста долара не бяха несправедливи за такъв хубав звяр.
Le gouvernement canadien ne perdrait rien dans cet accord
Канадското правителство няма да загуби нищо от сделката
Leurs dépêches officielles ne seraient pas non plus retardées en transit.
Нито пък официалните им пратки биха се забавили при транспортиране.
Perrault connaissait bien les chiens et pouvait voir que Buck était quelque chose de rare.
Перо познаваше добре кучетата и можеше да види, че Бък е нещо рядко срещано.
« Un sur dix dix mille », pensa-t-il en étudiant la silhouette de Buck.
„Едно на десет десет хиляди", помисли си той, докато изучаваше телосложението на Бък.

Buck a vu l'argent changer de mains, mais n'a montré aucune surprise.
Бък видя как парите сменят собственика си, но не показа изненада.
Bientôt, lui et Curly, un gentil Terre-Neuve, furent emmenés.
Скоро той и Кърли, кротък нюфаундленд, бяха отведени.
Ils suivirent le petit homme depuis la cour du pull rouge.
Те последваха дребния мъж от двора на червения пуловер.
Ce fut la dernière fois que Buck vit l'homme avec la massue en bois.
Това беше последният път, когато Бък видя човека с дървената тояга.
Depuis le pont du Narval, il regardait Seattle disparaître au loin.
От палубата на „Нарвал" той наблюдаваше как Сиатъл се изгубва в далечината.
C'était aussi la dernière fois qu'il voyait le chaud Southland.
Това беше и последният път, когато видя топлата Южна земя.
Perrault les emmena sous le pont et les laissa à François.
Перо ги заведе под палубата и ги остави с Франсоа.
François était un géant au visage noir, aux mains rugueuses et calleuses.
Франсоа беше чернолик гигант с груби, мазолести ръце.
Il était brun et basané; un métis franco-canadien.
Той беше тъмен и мургав; полукръвен френско-канадец.
Pour Buck, ces hommes étaient d'un genre qu'il n'avait jamais vu auparavant.
За Бък тези мъже бяха от вид, каквито никога преди не беше виждал.
Il allait connaître beaucoup d'autres hommes de ce genre dans les jours qui suivirent.
В идните дни щеше да се запознае с много такива мъже.
Il ne s'est pas attaché à eux, mais il a appris à les respecter.
Той не ги привлякъл, но започнал да ги уважава.

Ils étaient justes et sages, et ne se laissaient pas facilement tromper par un chien.
Те бяха справедливи и мъдри и не се подвеждаха лесно от никое куче.
Ils jugeaient les chiens avec calme et ne les punissaient que lorsqu'ils le méritaient.
Те съдеха кучетата спокойно и наказваха само когато бяха заслужени.
Sur le pont inférieur du Narwhal, Buck et Curly ont rencontré deux chiens.
В долната палуба на „Нарвал" Бък и Кърли срещнали две кучета.
L'un d'eux était un grand chien blanc venu du lointain et glacial Spitzberg.
Едното беше голямо бяло куче от далечен, леден Шпицберген.
Il avait autrefois navigué avec un baleinier et rejoint un groupe d'enquête.
Веднъж беше плавал с китоловен кораб и се беше присъединил към изследователска група.
Il était amical d'une manière sournoise, sournoise et rusée.
Той беше дружелюбен по хитър, подъл и хитър начин.
Lors de leur premier repas, il a volé un morceau de viande dans la poêle de Buck.
На първото им хранене той открадна парче месо от тигана на Бък.
Buck sauta pour le punir, mais le fouet de François frappa en premier.
Бък скочи да го накаже, но камшикът на Франсоа го удари пръв.
Le voleur blanc hurla et Buck récupéra l'os volé.
Белият крадец извика и Бък си взе обратно откраднатата кост.
Cette équité impressionna Buck, et François gagna son respect.
Тази справедливост впечатли Бък и Франсоа спечели уважението му.

L'autre chien ne lui a pas adressé de salut et n'en a pas voulu en retour.
Другото куче не поздрави и не поиска поздрав в замяна.
Il ne volait pas de nourriture et ne reniflait pas les nouveaux arrivants avec intérêt.
Той не крадеше храна, нито пък подушваше с интерес новодошлите.
Ce chien était sinistre et calme, sombre et lent.
Това куче беше мрачно и тихо, мрачно и бавно движещо се.
Il a averti Curly de rester à l'écart en la regardant simplement.
Той предупреди Кърли да стои настрана, като просто я изгледа свирепо.
Son message était clair : laissez-moi tranquille ou il y aura des problèmes.
Посланието му беше ясно: оставете ме на мира или ще има проблеми.
Il s'appelait Dave et il remarquait à peine son environnement.
Казваше се Дейв и едва забелязваше обкръжението си.
Il dormait souvent, mangeait tranquillement et bâillait de temps en temps.
Той спеше често, ядеше тихо и се прозяваше от време на време.

Le navire ronronnait constamment avec le battement de l'hélice en dessous.
Корабът бръмчеше непрекъснато, а витлото биеше отдолу.
Les jours passèrent sans grand changement, mais le temps devint plus froid.
Дните минаваха с малка промяна, но времето ставаше по-студено.
Buck pouvait le sentir dans ses os et remarqua que les autres le faisaient aussi.

Бък го усещаше в костите си и забеляза, че и другите го усещат.

Puis un matin, l'hélice s'est arrêtée et tout est redevenu calme.

Тогава една сутрин витлото спря и всичко замлъкна.

Une énergie parcourut le vaisseau ; quelque chose avait changé.

Енергия премина през кораба; нещо се беше променило.

François est descendu, les a attachés en laisse et les a remontés.

Франсоа слезе долу, завърза ги на каишки и ги изведе горе.

Buck sortit et trouva le sol doux, blanc et froid.

Бък излезе и откри, че земята е мека, бяла и студена.

Il sursauta en arrière, alarmé, et renifla, totalement confus.

Той отскочи назад разтревожен и изсумтя напълно объркано.

Une étrange substance blanche tombait du ciel gris.

Странни бели неща падаха от сивото небе.

Il se secoua, mais les flocons blancs continuaient à atterrir sur lui.

Той се разтърси, но белите слюнки продължаваха да кацат върху него.

Il renifla soigneusement la substance blanche et lécha quelques morceaux glacés.

Той внимателно подуши бялото вещество и облиза няколко ледени парченца.

La poudre brûla comme du feu, puis disparut de sa langue.

Прахът гореше като огън, след което изчезна от езика му.

Buck essaya à nouveau, intrigué par l'étrange froideur qui disparaissait.

Бък опита отново, озадачен от странната изчезваща студенина.

Les hommes autour de lui rirent et Buck se sentit gêné.

Мъжете около него се засмяха и Бък се почувства неудобно.

Il ne savait pas pourquoi, mais il avait honte de sa réaction.

Не знаеше защо, но се срамуваше от реакцията си.

C'était sa première expérience avec la neige, et cela le dérouta.
Това беше първият му опит със сняг и това го обърка.

La loi du gourdin et des crocs
Законът на палицата и зъба

Le premier jour de Buck sur la plage de Dyea ressemblait à un terrible cauchemar.
Първият ден на Бък на плажа Дайя се стори като ужасен кошмар.
Chaque heure apportait de nouveaux chocs et des changements inattendus pour Buck.
Всеки час носеше нови шокове и неочаквани промени за Бък.
Il avait été arraché à la civilisation et jeté dans un chaos sauvage.
Той беше изтръгнат от цивилизацията и хвърлен в див хаос.
Ce n'était pas une vie ensoleillée et paresseuse, faite d'ennui et de repos.
Това не беше слънчев, мързелив живот със скука и почивка.
Il n'y avait pas de paix, pas de repos, et pas un instant sans danger.
Нямаше мир, нямаше почивка и нямаше миг без опасност.
La confusion régnait sur tout et le danger était toujours proche.
Объркването цареше навсякъде, а опасността винаги беше наблизо.
Buck devait rester vigilant car ces hommes et ces chiens étaient différents.

Бък трябваше да бъде нащрек, защото тези мъже и кучета бяха различни.
Ils n'étaient pas originaires des villes ; ils étaient sauvages et sans pitié.
Те не бяха от градове; бяха диви и безмилостни.
Ces hommes et ces chiens ne connaissaient que la loi du gourdin et des crocs.
Тези мъже и кучета познаваха само закона на тоягата и зъба.
Buck n'avait jamais vu de chiens se battre comme ces huskies sauvages.
Бък никога не беше виждал кучета да се бият така, както тези свирепи хъскита.
Sa première expérience lui a appris une leçon qu'il n'oublierait jamais.
Първото му преживяване го научи на урок, който никога нямаше да забрави.
Il a eu de la chance que ce ne soit pas lui, sinon il serait mort aussi.
Имаше късмет, че не беше той, иначе и той щеше да умре.
Curly était celui qui souffrait tandis que Buck regardait et apprenait.
Кърли беше този, който страдаше, докато Бък наблюдаваше и се учеше.
Ils avaient installé leur campement près d'un magasin construit en rondins.
Бяха направили лагер близо до магазин, построен от трупи.
Curly a essayé d'être amical avec un grand husky ressemblant à un loup.
Кърли се опита да бъде приятелски настроен към голямо, подобно на вълк хъски.
Le husky était plus petit que Curly, mais avait l'air sauvage et méchant.
Хъскито беше по-малко от Кърли, но изглеждаше диво и злобно.
Sans prévenir, il a sauté et lui a ouvert le visage.

Без предупреждение той скочи и разпори лицето й.
Ses dents lui coupèrent l'œil jusqu'à sa mâchoire en un seul mouvement.
Зъбите му се прорязаха от окото й до челюстта й с едно движение.
C'est ainsi que les loups se battaient : ils frappaient vite et sautaient loin.
Ето как се биеха вълците - удряха бързо и отскачаха.
Mais il y avait plus à apprendre que de cette seule attaque.
Но имаше още много неща за поука освен от тази единствена атака.
Des dizaines de huskies se sont précipités et ont formé un cercle silencieux.
Десетки хъскита се втурнаха и направиха безшумен кръг.
Ils regardaient attentivement et se léchaient les lèvres avec faim.
Те наблюдаваха внимателно и облизваха устни от глад.
Buck ne comprenait pas leur silence ni leurs regards avides.
Бък не разбираше нито мълчанието им, нито нетърпеливите им очи.
Curly s'est précipité pour attaquer le husky une deuxième fois.
Кърли се втурна да атакува хъскито за втори път.
Il a utilisé sa poitrine pour la renverser avec un mouvement puissant.
Той използва гърдите си, за да я събори със силно движение.
Elle est tombée sur le côté et n'a pas pu se relever.
Тя падна настрани и не можа да се изправи отново.
C'est ce que les autres attendaient depuis le début.
Това беше, което останалите чакаха през цялото време.
Les huskies ont sauté sur elle, hurlant et grognant avec frénésie.
Хъскитата скочиха върху нея, виейки и ръмжейки бясно.
Elle a crié alors qu'ils l'enterraient sous un tas de chiens.
Тя крещеше, докато я заравяха под купчина кучета.

L'attaque fut si rapide que Buck resta figé sur place sous le choc.
Атаката беше толкова бърза, че Бък замръзна на място от шок.
Il vit Spitz tirer la langue d'une manière qui ressemblait à un rire.
Той видя как Шпиц показа език по начин, който приличаше на смях.
François a attrapé une hache et a couru droit vers le groupe de chiens.
Франсоа грабна брадва и се втурна право в групата кучета.
Trois autres hommes ont utilisé des gourdins pour aider à repousser les huskies.
Трима други мъже използваха тояги, за да помогнат на хъскитата да прогонят.
En seulement deux minutes, le combat était terminé et les chiens avaient disparu.
Само за две минути битката приключи и кучетата ги нямаше.
Curly gisait morte dans la neige rouge et piétinée, son corps déchiré.
Кърли лежеше мъртва в червения, утъпкан сняг, тялото й беше разкъсано на парчета.
Un homme à la peau sombre se tenait au-dessus d'elle, maudissant la scène brutale.
Тъмнокож мъж стоеше над нея и проклинаше жестоката сцена.
Le souvenir est resté avec Buck et a hanté ses rêves la nuit.
Споменът остана с Бък и го преследваше в сънищата през нощта.
C'était comme ça ici : pas d'équité, pas de seconde chance.
Така беше тук; без справедливост, без втори шанс.
Une fois qu'un chien tombait, les autres le tuaient sans pitié.
Щом куче паднеше, останалите го убиваха безмилостно.
Buck décida alors qu'il ne se permettrait jamais de tomber.
Тогава Бък реши, че никога няма да си позволи да падне.
Spitz tira à nouveau la langue et rit du sang.

Шпиц отново показа език и се засмя на кръвта.

À partir de ce moment-là, Buck détesta Spitz de tout son cœur.

От този момент нататък Бък намрази Шпиц с цялото си сърце.

Avant que Buck ne puisse se remettre de la mort de Curly, quelque chose de nouveau s'est produit.

Преди Бък да успее да се възстанови от смъртта на Кърли, се случи нещо ново.

François s'est approché et a attaché quelque chose autour du corps de Buck.

Франсоа се приближи и завърза нещо около тялото на Бък.

C'était un harnais comme ceux utilisés sur les chevaux du ranch.

Беше сбруя, подобна на тези, използвани за конете в ранчото.

Comme Buck avait vu les chevaux travailler, il devait maintenant travailler aussi.

Както Бък беше виждал конете да работят, сега и той беше принуден да работи.

Il a dû tirer François sur un traîneau dans la forêt voisine.

Трябваше да закара Франсоа с шейна в близката гора.

Il a ensuite dû ramener une lourde charge de bois de chauffage.

След това трябваше да издърпа назад товар от тежки дърва за огрев.

Buck était fier, donc cela lui faisait mal d'être traité comme un animal de travail.

Бък беше горд, затова го болеше, че се отнасят с него като с работно животно.

Mais il était sage et n'a pas essayé de lutter contre la nouvelle situation.

Но той беше мъдър и не се опита да се бори с новата ситуация.

Il a accepté sa nouvelle vie et a donné le meilleur de lui-même dans chaque tâche.
Той прие новия си живот и даде най-доброто от себе си във всяка задача.
Tout ce qui concernait ce travail lui était étrange et inconnu.
Всичко в работата му беше странно и непознато.
François était strict et exigeait l'obéissance sans délai.
Франсоа беше строг и изискваше подчинение без забавяне.
Son fouet garantissait que chaque ordre soit exécuté immédiatement.
Камшикът му се грижеше всяка команда да се изпълнява едновременно.
Dave était le conducteur du traîneau, le chien le plus proche du traîneau derrière Buck.
Дейв беше кучето, което седеше най-близо до шейната зад Бък.
Dave mordait Buck sur les pattes arrière s'il faisait une erreur.
Дейв хапеше Бък по задните крака, ако той правеше грешка.
Spitz était le chien de tête, compétent et expérimenté dans ce rôle.
Шпиц беше водещото куче, умело и опитно в ролята.
Spitz ne pouvait pas atteindre Buck facilement, mais il le corrigea quand même.
Шпиц не можа лесно да достигне до Бък, но все пак го поправи.
Il grognait durement ou tirait le traîneau d'une manière qui enseignait à Buck.
Той ръмжеше грубо или дърпаше шейната по начин, който поучи Бък.
Grâce à cette formation, Buck a appris plus vite que ce qu'ils avaient imaginé.
С това обучение Бък се учеше по-бързо, отколкото който и да е от тях очакваше.
Il a travaillé dur et a appris de François et des autres chiens.

Той работеше усилено и се учеше както от Франсоа, така и от другите кучета.

À leur retour, Buck connaissait déjà les commandes clés.
Когато се върнаха, Бък вече знаеше основните команди.

Il a appris à s'arrêter au son « ho » de François.
Той се научи да спира при звука на „хо" от Франсоа.

Il a appris quand il a dû tirer le traîneau et courir.
Той научи кога трябва да тегли шейната и да бяга.

Il a appris à tourner largement dans les virages du sentier sans difficulté.
Той се научи да завива широко на завоите по пътеката без проблем.

Il a également appris à éviter Dave lorsque le traîneau descendait rapidement.
Той също така се научи да избягва Дейв, когато шейната се спускаше бързо надолу.

« Ce sont de très bons chiens », dit fièrement François à Perrault.
„Те са много добри кучета", гордо каза Франсоа на Перо.

« Ce Buck tire comme un dingue, je lui apprends vite fait. »
„Този Бък дърпа страхотно — уча го най-бързо."

Plus tard dans la journée, Perrault est revenu avec deux autres chiens husky.
По-късно същия ден Перо се върна с още две хъскита.

Ils s'appelaient Billee et Joe, et ils étaient frères.
Казваха се Били и Джо и бяха братя.

Ils venaient de la même mère, mais ne se ressemblaient pas du tout.
Те произлизаха от една и съща майка, но изобщо не си приличаха.

Billee était de nature douce et très amicale avec tout le monde.
Били беше мила и прекалено дружелюбна с всички.

Joe était tout le contraire : calme, en colère et toujours en train de grogner.

Джо беше точно обратното - тих, ядосан и винаги ръмжещ.
Buck les a accueillis de manière amicale et s'est montré calme avec eux deux.
Бък ги поздрави приятелски и беше спокоен и с двамата.
Dave ne leur prêta aucune attention et resta silencieux comme d'habitude.
Дейв не им обърна внимание и мълчеше както обикновено.
Spitz a attaqué d'abord Billee, puis Joe, pour montrer sa domination.
Шпиц атакува първо Били, а после Джо, за да покаже господството си.
Billee remua la queue et essaya d'être amical avec Spitz.
Били махаше с опашка и се опитваше да бъде приятелски настроен към Шпиц.
Lorsque cela n'a pas fonctionné, il a essayé de s'enfuir à la place.
Когато това не се получи, той се опита да избяга.
Il a pleuré tristement lorsque Spitz l'a mordu fort sur le côté.
Той се разплака тъжно, когато Шпиц го ухапа силно отстрани.
Mais Joe était très différent et refusait d'être intimidé.
Но Джо беше много различен и отказа да бъде тормозен.
Chaque fois que Spitz s'approchait, Joe se retournait pour lui faire face rapidement.
Всеки път, когато Шпиц се приближаваше, Джо се обръщаше бързо към него.
Sa fourrure se hérissa, ses lèvres se retroussèrent et ses dents claquèrent sauvagement.
Козината му настръхна, устните му се извиха, а зъбите му щракаха диво.
Les yeux de Joe brillaient de peur et de rage, défiant Spitz de frapper.
Очите на Джо блестяха от страх и ярост, предизвиквайки Шпиц да удари.

Spitz abandonna le combat et se détourna, humilié et en colère.
Шпиц се отказа от битката и се обърна, унижен и ядосан.
Il a déversé sa frustration sur le pauvre Billee et l'a chassé.
Той изля ядосанието си върху горкия Били и го прогони.
Ce soir-là, Perrault ajouta un chien de plus à l'équipe.
Същата вечер Перо добави още едно куче към отбора.
Ce chien était vieux, maigre et couvert de cicatrices de guerre.
Това куче беше старо, слабо и покрито с бойни белези.
L'un de ses yeux manquait, mais l'autre brillait de puissance.
Едното му око липсваше, но другото светеше мощно.
Le nom du nouveau chien était Solleks, ce qui signifiait « celui qui est en colère ».
Новото куче се казвало Солекс, което означавало Гневният.
Comme Dave, Solleks ne demandait rien aux autres et ne donnait rien en retour.
Подобно на Дейв, Солекс не искаше нищо от другите и не даваше нищо в замяна.
Lorsque Solleks entra lentement dans le camp, même Spitz resta à l'écart.
Когато Солекс бавно влезе в лагера, дори Шпиц остана настрана.
Il avait une étrange habitude que Buck a eu la malchance de découvrir.
Той имаше странен навик, който Бък за нещастието не успя да открие.
Solleks détestait qu'on l'approche du côté où il était aveugle.
Солекс мразеше да го приближават от страната, където е сляп.
Buck ne le savait pas et a fait cette erreur par accident.
Бък не знаеше това и направи тази грешка случайно.
Solleks se retourna et frappa l'épaule de Buck profondément et rapidement.
Солекс се завъртя и замахна дълбоко и бързо по рамото на Бък.

À partir de ce moment, Buck ne s'est plus jamais approché du côté aveugle de Solleks.
От този момент нататък Бък никога не се приближаваше до сляпата страна на Солекс.

Ils n'ont plus jamais eu de problèmes pendant le reste de leur temps ensemble.
Те никога повече не са имали проблеми до края на времето, което са били заедно.

Solleks voulait seulement être laissé seul, comme le calme Dave.
Солекс искаше само да бъде оставен на мира, като тихия Дейв.

Mais Buck apprendra plus tard qu'ils avaient chacun un autre objectif secret.
Но по-късно Бък щеше да научи, че всеки от тях има друга тайна цел.

Cette nuit-là, Buck a dû faire face à un nouveau défi troublant : comment dormir.
Същата нощ Бък се изправи пред ново и обезпокоително предизвикателство – как да спи.

La tente brillait chaleureusement à la lumière des bougies dans le champ enneigé.
Палатката светеше топло от светлината на свещи в заснеженото поле.

Buck entra, pensant qu'il pourrait se reposer là comme avant.
Бък влезе вътре, мислейки си, че може да си почине там както преди.

Mais Perrault et François lui criaient dessus et lui jetaient des casseroles.
Но Перо и Франсоа му се развикаха и хвърляха тигани.

Choqué et confus, Buck s'est enfui dans le froid glacial.
Шокиран и объркан, Бък изтича навън в ледения студ.

Un vent glacial piquait son épaule blessée et lui gelait les pattes.
Силен вятър жилеше раненото му рамо и измръзваше лапите му.

Il s'est allongé dans la neige et a essayé de dormir à la belle étoile.
Той легна в снега и се опита да спи на открито.
Mais le froid l'obligea bientôt à se relever, tremblant terriblement.
Но студът скоро го принуди да се изправи отново, треперейки силно.
Il erra dans le camp, essayant de trouver un endroit plus chaud.
Той се скиташе из лагера, опитвайки се да намери по-топло място.
Mais chaque coin était aussi froid que le précédent.
Но всеки ъгъл беше също толкова студен, колкото и предишния.
Parfois, des chiens sauvages sautaient sur lui dans l'obscurité.
Понякога свирепи кучета скачаха върху него от тъмнината.
Buck hérissa sa fourrure, montra ses dents et grogna en signe d'avertissement.
Бък настръхна, оголи зъби и изръмжа предупредително.
Il apprenait vite et les autres chiens reculaient rapidement.
Той се учеше бързо и другите кучета бързо се отдръпваха.
Il n'avait toujours pas d'endroit où dormir et ne savait pas quoi faire.
Въпреки това, той нямаше къде да спи и нямаше представа какво да прави.
Finalement, une pensée lui vint : aller voir ses coéquipiers.
Накрая му хрумна една мисъл — да провери съотборниците си.
Il est retourné dans leur région et a été surpris de les trouver partis.
Той се върнал в техния район и бил изненадан, че ги няма.
Il chercha à nouveau dans le camp, mais ne parvint toujours pas à les trouver.
Той отново претърси лагера, но пак не можа да ги намери.
Il savait qu'ils ne pouvaient pas être dans la tente, sinon il le serait aussi.

Знаеше, че не могат да бъдат в палатката, иначе и той щеше да е.

Alors, où étaient passés tous les chiens dans ce camp gelé ?

И така, къде бяха отишли всички кучета в този замръзнал лагер?

Buck, froid et misérable, tournait lentement autour de la tente.

Бък, премръзнал и нещастен, бавно обикаляше около палатката.

Soudain, ses pattes avant s'enfoncèrent dans la neige molle et le surprit.

Внезапно предните му крака потънаха в мекия сняг и го стреснаха.

Quelque chose se tortilla sous ses pieds et il sursauta en arrière, effrayé.

Нещо се изви под краката му и той отскочи назад от страх.

Il grogna et grogna, ne sachant pas ce qui se cachait sous la neige.

Той ръмжеше и изръмжаваше, без да знае какво се крие под снега.

Puis il entendit un petit aboiement amical qui apaisa sa peur.

Тогава чу приятелски тих лай, който облекчи страха му.

Il renifla l'air et s'approcha pour voir ce qui était caché.

Той подуши въздуха и се приближи, за да види какво е скрито.

Sous la neige, recroquevillée en boule chaude, se trouvait la petite Billee.

Под снега, свита на топла топка, лежеше малката Били.

Billee remua la queue et lécha le visage de Buck pour le saluer.

Били размаха опашка и облиза лицето на Бък, за да го поздрави.

Buck a vu comment Billee avait fabriqué un endroit pour dormir dans la neige.

Бък видя как Били си беше направила място за спане в снега.

Il avait creusé et utilisé sa propre chaleur pour rester au chaud.
Той се беше изкопал и използваше собствената си топлина, за да се стопли.
Buck avait appris une autre leçon : c'est ainsi que les chiens dormaient.
Бък беше научил още един урок — ето как спят кучетата.
Il a choisi un endroit et a commencé à creuser son propre trou dans la neige.
Той избра място и започна да копае собствена дупка в снега.
Au début, il bougeait trop et gaspillait de l'énergie.
В началото се движеше твърде много и пилееше енергия.
Mais bientôt son corps réchauffa l'espace et il se sentit en sécurité.
Но скоро тялото му стопли пространството и той се почувства в безопасност.
Il se recroquevilla étroitement et, peu de temps après, il s'endormit profondément.
Той се сви плътно на кълбо и не след дълго заспа дълбоко.
La journée avait été longue et dure, et Buck était épuisé.
Денят беше дълъг и тежък, а Бък беше изтощен.
Il dormait profondément et confortablement, même si ses rêves étaient fous.
Той спеше дълбоко и удобно, макар че сънищата му бяха необуздани.
Il grognait et aboyait dans son sommeil, se tordant pendant qu'il rêvait.
Той ръмжеше и лаеше насън, въртейки се, докато сънуваше.

Buck ne s'est réveillé que lorsque le camp était déjà en train de prendre vie.
Бък не се събуди, докато лагерът вече не се оживи.
Au début, il ne savait pas où il était ni ce qui s'était passé.
В началото не знаеше къде е или какво се е случило.

La neige était tombée pendant la nuit et avait complètement enseveli son corps.
През нощта падна сняг и тялото му беше напълно затрупано.
La neige se pressait autour de lui, serrée de tous côtés.
Снегът го притискаше, плътно от всички страни.
Soudain, une vague de peur traversa tout le corps de Buck.
Изведнъж вълна от страх премина през цялото тяло на Бък.
C'était la peur d'être piégé, une peur venue d'instincts profonds.
Това беше страхът да не бъдат в капан, страх, произтичащ от дълбоки инстинкти.
Bien qu'il n'ait jamais vu de piège, la peur vivait en lui.
Въпреки че никога не беше виждал капан, страхът живееше вътре в него.
C'était un chien apprivoisé, mais maintenant ses vieux instincts sauvages se réveillaient.
Той беше кротко куче, но сега старите му диви инстинкти се пробуждаха.
Les muscles de Buck se tendirent et sa fourrure se dressa sur tout son dos.
Мускулите на Бък се стегнаха и козината му настръхна по целия гръб.
Il grogna férocement et bondit droit dans la neige.
Той изръмжа свирепо и скочи право нагоре през снега.
La neige volait dans toutes les directions alors qu'il faisait irruption dans la lumière du jour.
Сняг летеше във всички посоки, когато той изскочи на дневна светлина.
Avant même d'atterrir, Buck vit le camp s'étendre devant lui.
Още преди да кацне, Бък видя лагера, разпростиращ се пред него.
Il se souvenait de tout ce qui s'était passé la veille, d'un seul coup.
Той си спомни всичко от предния ден, наведнъж.

Il se souvenait d'avoir flâné avec Manuel et d'avoir fini à cet endroit.
Той си спомни как се разхождаше с Мануел и как се озова на това място.
Il se souvenait avoir creusé le trou et s'être endormi dans le froid.
Той си спомни как изкопа дупката и заспи в студа.
Maintenant, il était réveillé et le monde sauvage qui l'entourait était clair.
Сега беше буден и дивият свят около него беше ясен.
Un cri de François salua l'apparition soudaine de Buck.
Вик от Франсоа приветства внезапната поява на Бък.
« Qu'est-ce que j'ai dit ? » cria le conducteur du chien à Perrault.
— Какво казах? — извика високо кучетоводът на Перо.
« Ce Buck apprend vraiment très vite », a ajouté François.
„Този Бък със сигурност се учи бързо от всичко", добави Франсоа.
Perrault hocha gravement la tête, visiblement satisfait du résultat.
Перо кимна сериозно, очевидно доволен от резултата.
En tant que courrier pour le gouvernement canadien, il transportait des dépêches.
Като куриер на канадското правителство, той носеше пратки.
Il était impatient de trouver les meilleurs chiens pour son importante mission.
Той беше нетърпелив да намери най-добрите кучета за важната си мисия.
Il se sentait particulièrement heureux maintenant que Buck faisait partie de l'équipe.
Той се чувстваше особено доволен сега, когато Бък беше част от екипа.
Trois autres huskies ont été ajoutés à l'équipe en une heure.
В рамките на един час към отбора бяха добавени още три хъскита.
Cela porte le nombre total de chiens dans l'équipe à neuf.

Това доведе общия брой на кучетата в екипа до девет.
En quinze minutes, tous les chiens étaient dans leurs harnais.
В рамките на петнадесет минути всички кучета бяха с хамути.
L'équipe de traîneaux remontait le sentier en direction du canyon de Dyea.
Впрягът с шейни се изкачваше по пътеката към каньона Дайя.
Buck était heureux de partir, même si le travail à venir était difficile.
Бък се радваше, че си тръгва, дори и работата да беше трудна.
Il s'est rendu compte qu'il ne détestait pas particulièrement le travail ou le froid.
Той откри, че не презира особено труда или студа.
Il a été surpris par l'empressement qui a rempli toute l'équipe.
Той беше изненадан от нетърпението, което изпълваше целия екип.
Encore plus surprenant fut le changement qui s'était produit chez Dave et Solleks.
Още по-изненадваща беше промяната, която настъпи с Дейв и Солекс.
Ces deux chiens étaient complètement différents lorsqu'ils étaient attelés.
Тези две кучета бяха напълно различни, когато бяха впрегнати.
Leur passivité et leur manque d'intérêt avaient complètement disparu.
Тяхната пасивност и липса на загриженост бяха напълно изчезнали.
Ils étaient alertes et actifs, et désireux de bien faire leur travail.
Те бяха бдителни, активни и нетърпеливи да си вършат добре работата.

Ils s'irritaient violemment à tout ce qui pouvait provoquer un retard ou une confusion.
Те се дразнеха силно от всичко, което причиняваше забавяне или объркване.
Le travail acharné sur les rênes était le centre de tout leur être.
Упоритата работа с юздите беше центърът на цялото им същество.
Tirer un traîneau semblait être la seule chose qu'ils appréciaient vraiment.
Тегленето на шейна изглеждаше единственото нещо, на което наистина се наслаждаваха.
Dave était à l'arrière du groupe, le plus proche du traîneau lui-même.
Дейв беше най-отзад в групата, най-близо до самата шейна.
Buck a été placé devant Dave, et Solleks a dépassé Buck.
Бък беше поставен пред Дейв, а Солекс изпревари Бък.
Le reste des chiens était aligné devant eux en file indienne.
Останалите кучета бяха наредени напред в колона по едно.
La position de tête à l'avant était occupée par Spitz.
Водещата позиция отпред беше заета от Шпиц.
Buck avait été placé entre Dave et Solleks pour l'instruction.
Бък беше поставен между Дейв и Солекс за инструкции.
Il apprenait vite et ils étaient des professeurs fermes et compétents.
Той учеше бързо, а те бяха твърди и способни учители.
Ils n'ont jamais permis à Buck de rester longtemps dans l'erreur.
Те никога не позволяваха на Бък да остане в грешка за дълго.
Ils ont enseigné leurs leçons avec des dents acérées quand c'était nécessaire.
Те преподаваха уроците си с остри зъби, когато беше необходимо.
Dave était juste et faisait preuve d'une sagesse calme et sérieuse.

Дейв беше справедлив и показваше тиха, сериозна мъдрост.
Il n'a jamais mordu Buck sans une bonne raison de le faire.
Той никога не хапеше Бък без основателна причина за това.
Mais il n'a jamais manqué de mordre lorsque Buck avait besoin d'être corrigé.
Но той никога не пропускаше да хапе, когато Бък се нуждаеше от корекция.
Le fouet de François était toujours prêt et soutenait leur autorité.
Камшикът на Франсоа винаги беше готов и подкрепяше авторитета им.
Buck a vite compris qu'il valait mieux obéir que riposter.
Бък скоро откри, че е по-добре да се подчинява, отколкото да се съпротивлява.
Un jour, lors d'un court repos, Buck s'est emmêlé dans les rênes.
Веднъж, по време на кратка почивка, Бък се оплел в юздите.
Il a retardé le départ et a perturbé le mouvement de l'équipe.
Той забави старта и обърка движението на отбора.
Dave et Solleks se sont jetés sur lui et lui ont donné une raclée.
Дейв и Солекс се нахвърлиха върху него и го набиха жестоко.
L'enchevêtrement n'a fait qu'empirer, mais Buck a bien appris sa leçon.
Заплетеницата само се влоши, но Бък научи добре урока си.
Dès lors, il garda les rênes tendues et travailla avec soin.
Оттогава нататък той държеше юздите опънати и работеше внимателно.
Avant la fin de la journée, Buck avait maîtrisé une grande partie de sa tâche.
Преди края на деня Бък беше усвоил голяма част от задачата си.

Ses coéquipiers ont presque arrêté de le corriger ou de le mordre.
Съотборниците му почти спряха да го поправят или хапят.
Le fouet de François claquait de moins en moins souvent dans l'air.
Камшикът на Франсоа пукаше във въздуха все по-рядко.
Perrault a même soulevé les pieds de Buck et a soigneusement examiné chaque patte.
Перо дори повдигна краката на Бък и внимателно огледа всяка лапа.
Cela avait été une journée de course difficile, longue et épuisante pour eux tous.
Беше тежък ден на бягане, дълъг и изтощителен за всички тях.
Ils remontèrent le Cañon, traversèrent Sheep Camp et passèrent devant les Scales.
Те пътуваха нагоре по каньона, през Овчия лагер и покрай Везните.
Ils ont traversé la limite des forêts, puis des glaciers et des congères de plusieurs mètres de profondeur.
Те прекосиха границата на гората, после ледници и снежни преспи, дълбоки много фута.
Ils ont escaladé la grande et froide chaîne de montagnes Chilkoot Divide.
Те изкачиха големия студен и застрашаващ Чилкут Дивейд.
Cette haute crête se dressait entre l'eau salée et l'intérieur gelé.
Този висок хребет се извисяваше между солената вода и замръзналата вътрешност.
Les montagnes protégeaient le Nord triste et solitaire avec de la glace et des montées abruptes.
Планините пазели тъжния и самотен Север с лед и стръмни изкачвания.
Ils ont parcouru à bon rythme une longue chaîne de lacs en aval de la ligne de partage des eaux.

Те се спуснаха добре по дълга верига от езера под вододела.
Ces lacs remplissaient les anciens cratères de volcans éteints.
Тези езера са запълвали древните кратери на изгаснали вулкани.
Tard dans la nuit, ils atteignirent un grand camp au bord du lac Bennett.
Късно същата нощ те стигнаха до голям лагер на езерото Бенет.
Des milliers de chercheurs d'or étaient là, construisant des bateaux pour le printemps.
Хиляди златотърсачи бяха там, строяха лодки за пролетта.
La glace allait bientôt se briser et ils devaient être prêts.
Ледът скоро щеше да се разтопи и те трябваше да бъдат готови.
Buck creusa son trou dans la neige et tomba dans un profond sommeil.
Бък изкопа дупката си в снега и заспа дълбоко.
Il dormait comme un ouvrier, épuisé par une dure journée de travail.
Той спеше като работещ човек, изтощен от тежкия ден на труда.
Mais trop tôt dans l'obscurité, il fut tiré de son sommeil.
Но твърде рано в тъмнината той беше изтръгнат от съня.
Il fut à nouveau attelé avec ses compagnons et attaché au traîneau.
Той отново беше впрегнат заедно с приятелите си и прикрепен към шейната.
Ce jour-là, ils ont parcouru quarante milles, car la neige était bien battue.
Този ден изминаха четиридесет мили, защото снегът беше добре утъпкан.
Le lendemain, et pendant plusieurs jours après, la neige était molle.
На следващия ден, както и в продължение на много дни след това, снегът беше мек.

Ils ont dû faire le chemin eux-mêmes, en travaillant plus dur et en avançant plus lentement.
Трябваше сами да си проправят пътеката, работейки по-усърдно и движейки се по-бавно.

Habituellement, Perrault marchait devant l'équipe avec des raquettes palmées.
Обикновено Перо вървеше пред впряга със снегоходки с ципести ...

Ses pas ont compacté la neige, facilitant ainsi le déplacement du traîneau.
Стъпките му утъпкваха снега, улеснявайки движението на шейната.

François, qui dirigeait depuis le mât, prenait parfois le relais.
Франсоа, който управляваше от кормилния прът, понякога поемаше управлението.

Mais il était rare que François prenne les devants
Но рядко се случваше Франсоа да поема водеща роля

parce que Perrault était pressé de livrer les lettres et les colis.
защото Перо бързал да достави писмата и пакетите.

Perrault était fier de sa connaissance de la neige, et surtout de la glace.
Перо се гордееше с познанията си за снега, и особено за леда.

Cette connaissance était essentielle, car la glace d'automne était dangereusement mince.
Това знание беше от съществено значение, защото есенният лед беше опасно тънък.

Là où l'eau coulait rapidement sous la surface, il n'y avait pas du tout de glace.
Там, където водата течеше бързо под повърхността, изобщо нямаше лед.

Jour après jour, la même routine se répétait sans fin.
Ден след ден, една и съща рутина се повтаряше безкрайно.

Buck travaillait sans relâche sur les rênes, de l'aube jusqu'à la nuit.
Бък се трудеше безкрайно с юздите от зори до вечер.

Ils quittèrent le camp dans l'obscurité, bien avant le lever du soleil.
Те напуснаха лагера по тъмно, много преди слънцето да е изгряло.

Au moment où le jour se leva, ils avaient déjà parcouru de nombreux kilomètres.
Когато се съмна, много километри вече бяха зад гърба им.

Ils ont installé leur campement après la tombée de la nuit, mangeant du poisson et creusant dans la neige.
Те разпънаха лагера си след залез слънце, ядяха риба и се заравяха в снега.

Buck avait toujours faim et n'était jamais vraiment satisfait de sa ration.
Бък винаги беше гладен и никога не беше истински доволен от дажбата си.

Il recevait une livre et demie de saumon séché chaque jour.
Всеки ден получаваше половин килограм и половина сушена сьомга.

Mais la nourriture semblait disparaître en lui, laissant la faim derrière elle.
Но храната сякаш изчезна в него, оставяйки след себе си глада.

Il souffrait constamment de la faim et rêvait de plus de nourriture.
Той страдаше от постоянни пристъпи на глад и мечтаеше за още храна.

Les autres chiens n'ont pris qu'une livre, mais ils sont restés forts.
Другите кучета получиха само половин килограм храна, но останаха силни.

Ils étaient plus petits et étaient nés dans le mode de vie du Nord.
Те бяха по-дребни и бяха родени в северния живот.

Il perdit rapidement la méticulosité qui avait marqué son ancienne vie.
Той бързо загуби педантичността, която беляза предишния му живот.

Il avait été un mangeur délicat, mais maintenant ce n'était plus possible.
Той беше изискан ядец, но сега това вече не беше възможно.
Ses camarades ont terminé premiers et lui ont volé sa ration inachevée.
Другарите му свършиха първи и го ограбиха от недоядената му дажба.
Une fois qu'ils ont commencé, il n'y avait aucun moyen de défendre sa nourriture contre eux.
След като започнаха, нямаше начин да защити храната си от тях.
Pendant qu'il combattait deux ou trois chiens, les autres volaient le reste.
Докато той се бореше с две или три кучета, останалите откраднаха останалите.
Pour résoudre ce problème, il a commencé à manger aussi vite que les autres.
За да поправи това, той започна да яде толкова бързо, колкото ядяха и останалите.
La faim le poussait tellement qu'il prenait même de la nourriture qui n'était pas la sienne.
Гладът го тласкаше толкова силно, че дори взе храна, която не беше негова.
Il observait les autres et apprenait rapidement de leurs actions.
Той наблюдаваше останалите и бързо се учеше от действията им.
Il a vu Pike, un nouveau chien, voler une tranche de bacon à Perrault.
Той видя как Пайк, ново куче, открадна резен бекон от Перо.
Pike avait attendu que Perrault ait le dos tourné pour voler le bacon.
Пайк беше изчакал Перо да се обърне с гръб, за да открадне бекона.
Le lendemain, Buck a copié Pike et a volé tout le morceau.

На следващия ден Бък копира Пайк и открадна цялото парче.
Un grand tumulte s'ensuivit, mais Buck ne fut pas suspecté.
Последва голяма врява, но Бък не беше заподозрян.
Dub, un chien maladroit qui se faisait toujours prendre, a été puni à la place.
Дъб, тромаво куче, което винаги се хващаше, беше наказан вместо това.
Ce premier vol a fait de Buck un chien apte à survivre dans le Nord.
Тази първа кражба бележи Бък като куче, годно да оцелее на Севера.
Il a montré qu'il pouvait s'adapter à de nouvelles conditions et apprendre rapidement.
Той показа, че може да се адаптира към нови условия и да се учи бързо.
Sans une telle adaptabilité, il serait mort rapidement et gravement.
Без такава адаптивност, той щеше да умре бързо и тежко.
Cela a également marqué l'effondrement de sa nature morale et de ses valeurs passées.
Това също така бележи разпадането на неговия морален характер и миналите му ценности.
Dans le Southland, il avait vécu sous la loi de l'amour et de la bonté.
В Южната земя той беше живял под закона на любовта и добротата.
Là, il était logique de respecter la propriété et les sentiments des autres chiens.
Там имаше смисъл да се уважава собствеността и чувствата на другите кучета.
Mais le Northland suivait la loi du gourdin et la loi du croc.
Но Северната земя следваше закона на тоягата и закона на зъба.
Quiconque respectait les anciennes valeurs ici était stupide et échouerait.

Който и да е уважавал старите ценности тук, е бил глупав и ще се провали.

Buck n'a pas réfléchi à tout cela dans son esprit.

Бък не обмисли всичко това наум.

Il était en forme et s'est donc adapté sans avoir besoin de réfléchir.

Той беше във форма и затова се приспособи, без да е необходимо да мисли.

De toute sa vie, il n'avait jamais fui un combat.

През целия си живот никога не беше бягал от бой.

Mais la massue en bois de l'homme au pull rouge a changé cette règle.

Но дървената тояга на мъжа с червения пуловер промени това правило.

Il suivait désormais un code plus profond et plus ancien, inscrit dans son être.

Сега той следваше един по-дълбок, по-древен код, вписан в съществото му.

Il ne volait pas par plaisir, mais par faim.

Той не крадеше от удоволствие, а от болката на глада.

Il n'a jamais volé ouvertement, mais il a volé avec ruse et prudence.

Той никога не е грабил открито, а е крал с хитрост и внимание.

Il a agi par respect pour la massue en bois et par peur du croc.

Той действаше от уважение към дървената тояга и от страх от зъба.

En bref, il a fait ce qui était plus facile et plus sûr que de ne pas le faire.

Накратко, той направи това, което беше по-лесно и по-безопасно, отколкото да не го направи.

Son développement – ou peut-être son retour à ses anciens instincts – fut rapide.

Развитието му – или може би завръщането му към старите инстинкти – беше бързо.

Ses muscles se durcirent jusqu'à devenir aussi forts que du fer.
Мускулите му се втвърдиха, докато не се почувстваха здрави като желязо.
Il ne se souciait plus de la douleur, à moins qu'elle ne soit grave.
Вече не го интересуваше болката, освен ако не беше сериозна.
Il est devenu efficace à l'intérieur comme à l'extérieur, ne gaspillant rien du tout.
Той стана ефикасен отвътре и отвън, без да губи нищо.
Il pouvait manger des choses viles, pourries ou difficiles à digérer.
Той можеше да яде неща, които бяха отвратителни, гнили или трудни за смилане.
Quoi qu'il mange, son estomac utilisait jusqu'au dernier morceau de valeur.
Каквото и да ядеше, стомахът му използваше и последната частица ценност.
Son sang transportait les nutriments loin dans son corps puissant.
Кръвта му разнасяше хранителните вещества надалеч през мощното му тяло.
Cela a créé des tissus solides qui lui ont donné une endurance incroyable.
Това изгради здрави тъкани, които му дадоха невероятна издръжливост.
Sa vue et son odorat sont devenus beaucoup plus sensibles qu'avant.
Зрението и обонянието му станаха много по-чувствителни от преди.
Son ouïe est devenue si fine qu'il pouvait détecter des sons faibles pendant son sommeil.
Слухът му се изостри толкова много, че можеше да долавя слаби звуци дори насън.
Il savait dans ses rêves si les sons signifiaient sécurité ou danger.

В сънищата си той знаеше дали звуците означават безопасност или опасност.

Il a appris à mordre la glace entre ses orteils avec ses dents.
Той се научи да гризе леда между пръстите на краката си със зъби.

Si un point d'eau gelait, il brisait la glace avec ses jambes.
Ако някой воден басейн замръзнеше, той чупеше леда с краката си.

Il se cabra et frappa violemment la glace avec ses membres antérieurs raides.
Той се изправи на задните си крака и удари силно леда с вкочанените си предни крайници.

Sa capacité la plus frappante était de prédire les changements de vent pendant la nuit.
Най-поразителната му способност беше да предсказва промените във вятъра през нощта.

Même lorsque l'air était calme, il choisissait des endroits abrités du vent.
Дори когато въздухът беше неподвижен, той избираше места, защитени от вятъра.

Partout où il creusait son nid, le vent du lendemain le passait à côté de lui.
Където и да изкопаеше гнездото си, вятърът на следващия ден го подминаваше.

Il finissait toujours par se blottir et se protéger, sous le vent.
Той винаги се озоваваше уютно и защитено, подветрено от вятъра.

Buck n'a pas seulement appris par l'expérience : son instinct est également revenu.
Бък не само се учеше от опита — инстинктите му също се завърнаха.

Les habitudes des générations domestiquées ont commencé à disparaître.
Навиците на опитомените поколения започнаха да изчезват.

De manière vague, il se souvenait des temps anciens de sa race.

По смътни начини той си спомняше древните времена на своята раса.
Il repensa à l'époque où les chiens sauvages couraient en meute dans les forêts.
Той си спомни за времето, когато дивите кучета тичаха на глутници през гopите.
Ils avaient poursuivi et tué leur proie en la poursuivant.
Те бяха преследвали и убивали плячката си, докато я преследваха.
Il était facile pour Buck d'apprendre à se battre avec force et rapidité.
За Бък беше лесно да се научи как да се бие със зъби и скорост.
Il utilisait des coupures, des entailles et des coups rapides, tout comme ses ancêtres.
Той използваше порязвания, разрези и бързи щраквания точно както неговите предци.
Ces ancêtres se sont réveillés en lui et ont réveillé sa nature sauvage.
Тези предци се раздвижиха в него и събудиха дивата му природа.
Leurs anciennes compétences lui avaient été transmises par le sang.
Старите им умения му бяха предадени по кръвна линия.
Leurs tours étaient désormais à lui, sans besoin de pratique ni d'effort.
Триковете им вече бяха негови, без нужда от практика или усилия.

Lors des nuits calmes et froides, Buck levait le nez et hurlait.
В тихите, студени нощи Бък вдигаше нос и виеше.
Il hurla longuement et profondément, comme le faisaient les loups autrefois.
Той виеше дълго и дълбоко, както вълците бяха правили преди много време.
À travers lui, ses ancêtres morts pointaient leur nez et hurlaient.

Чрез него мъртвите му предци сочеха носове и виеха.
Ils ont hurlé à travers les siècles avec sa voix et sa forme.
Те виеха през вековете с неговия глас и форма.
Ses cadences étaient les leurs, de vieux cris qui parlaient de chagrin et de froid.
Неговите ритми бяха техни, стари викове, които разказваха за скръб и студ.
Ils chantaient l'obscurité, la faim et le sens de l'hiver.
Те пяха за тъмнината, за глада и за значението на зимата.
Buck a prouvé que la vie est façonnée par des forces qui nous dépassent.
Бък доказа как животът се оформя от сили извън самия него.
L'ancienne chanson s'éleva à travers Buck et s'empara de son âme.
Древната песен се изпълни с Бък и завладя душата му.
Il s'est retrouvé parce que les hommes avaient trouvé de l'or dans le Nord.
Той се откри, защото мъже бяха намерили злато на север.
Et il s'est retrouvé parce que Manuel, l'aide du jardinier, avait besoin d'argent.
И се озова, защото Мануел, помощникът на градинаря, се нуждаеше от пари.

La Bête Primordiale Dominante
Доминиращият първичен звяр

La bête primordiale dominante était aussi forte que jamais en Buck.
Доминиращият първичен звяр беше по-силен от всякога в Бък.
Mais la bête primordiale dominante sommeillait en lui.
Но доминиращият първичен звяр беше дремел в него.
La vie sur le sentier était dure, mais elle renforçait la bête qui sommeillait en Buck.
Животът по пътеките беше суров, но той засилваше зверството в Бък.
Secrètement, la bête devenait de plus en plus forte chaque jour.
Тайно звярът ставал все по-силен и по-силен с всеки изминал ден.
Mais cette croissance intérieure est restée cachée au monde extérieur.
Но този вътрешен растеж остана скрит за външния свят.
Une force primordiale, calme et tranquille, se construisait à l'intérieur de Buck.
В Бък се зараждаше тиха и спокойна първична сила.
Une nouvelle ruse a donné à Buck l'équilibre, le calme, le contrôle et l'équilibre.
Новата хитрост даваше на Бък баланс, спокоен контрол и овладяване.
Buck s'est concentré sur son adaptation, sans jamais se sentir complètement détendu.
Бък се съсредоточи усилено върху адаптацията, без никога да се чувства напълно отпуснат.
Il évitait les conflits, ne déclenchait jamais de bagarres et ne cherchait jamais les ennuis.
Той избягваше конфликти, никога не започваше кавги, нито търсеше проблеми.
Une réflexion lente et constante façonnait chaque mouvement de Buck.

Бавна, постоянна замисленост оформяше всяко движение на Бък.
Il évitait les choix irréfléchis et les décisions soudaines et imprudentes.
Той избягваше прибързаните избори и внезапните, безразсъдни решения.
Bien que Buck détestait profondément Spitz, il ne lui montrait aucune agressivité.
Въпреки че Бък дълбоко мразеше Шпиц, той не показваше агресия към него.
Buck n'a jamais provoqué Spitz et a gardé ses actions contenues.
Бък никога не провокираше Шпиц и държеше действията си сдържани.
Spitz, de son côté, sentait le danger grandissant chez Buck.
Шпиц, от друга страна, усещаше нарастващата опасност у Бък.
Il considérait Buck comme une menace et un sérieux défi à son pouvoir.
Той виждаше Бък като заплаха и сериозно предизвикателство за властта си.
Il profitait de chaque occasion pour grogner et montrer ses dents acérées.
Той използваше всяка възможност да изръмжи и да покаже острите си зъби.
Il essayait de déclencher le combat mortel qui devait avoir lieu.
Той се опитваше да започне смъртоносната битка, която трябваше да предстои.
Au début du voyage, une bagarre a failli éclater entre eux.
В началото на пътуването между тях почти избухна бой.
Mais un accident inattendu a empêché le combat d'avoir lieu.
Но неочакван инцидент предотврати битката.
Ce soir-là, ils installèrent leur campement sur le lac Le Barge, extrêmement froid.

Същата вечер те разпънаха лагера си на леденостуденото езеро Льо Барж.
La neige tombait fort et le vent soufflait comme un couteau.
Снегът валеше силно, а вятърът режеше като нож.
La nuit était venue trop vite et l'obscurité les entourait.
Нощта беше настъпила твърде бързо и мракът ги обгръщаше.
Ils n'auraient pas pu choisir un pire endroit pour se reposer.
Едва ли биха могли да изберат по-лошо място за почивка.
Les chiens cherchaient désespérément un endroit où se coucher.
Кучетата отчаяно търсеха място, където да легнат.
Un haut mur de roche s'élevait abruptement derrière le petit groupe.
Висока скална стена се издигаше стръмно зад малката група.
La tente avait été laissée à Dyea pour alléger la charge.
Палатката беше оставена в Дайя, за да облекчи товара.
Ils n'avaient pas d'autre choix que d'allumer le feu sur la glace elle-même.
Те нямаха друг избор, освен да запалят огъня на самия лед.
Ils étendent leurs robes de nuit directement sur le lac gelé.
Те разпростряха спалните си дрехи директно върху замръзналото езеро.
Quelques bâtons de bois flotté leur ont donné un peu de feu.
Няколко пръчки плавей им дадоха малко огън.
Mais le feu s'est allumé sur la glace et a fondu à travers elle.
Но огънят беше запален върху леда и се разтопи през него.
Finalement, ils mangeaient leur dîner dans l'obscurité.
Накрая вечеряха в тъмното.
Buck s'est recroquevillé près du rocher, à l'abri du vent froid.
Бък се сви до скалата, защитен от студения вятър.
L'endroit était si chaud et sûr que Buck détestait déménager.
Мястото беше толкова топло и безопасно, че Бък мразеше да се отдалечава.
Mais François avait réchauffé le poisson et distribuait les rations.

Но Франсоа беше затоплил рибата и раздаваше дажби.
Buck finit de manger rapidement et retourna dans son lit.
Бък бързо дояде и се върна в леглото си.
Mais Spitz était maintenant allongé là où Buck avait fait son lit.
Но Шпиц сега лежеше там, където Бък беше оправил леглото му.
Un grognement sourd avertit Buck que Spitz refusait de bouger.
Тихо ръмжене предупреди Бък, че Шпиц отказва да помръдне.
Jusqu'à présent, Buck avait évité ce combat avec Spitz.
Досега Бък избягваше тази битка със Шпиц.
Mais au plus profond de Buck, la bête s'est finalement libérée.
Но дълбоко в Бък звярът най-накрая се освободи.
Le vol de son lieu de couchage était trop difficile à tolérer.
Кражбата на спалното му място беше твърде тежка за толериране.
Buck se lança sur Spitz, plein de colère et de rage.
Бък се нахвърли върху Шпиц, изпълнен с гняв и ярост.
Jusqu'à présent, Spitz pensait que Buck n'était qu'un gros chien.
Доскоро Шпиц си мислеше, че Бък е просто голямо куче.
Il ne pensait pas que Buck avait survécu grâce à son esprit.
Той не вярваше, че Бък е оцелял благодарение на духа си.
Il s'attendait à la peur et à la lâcheté, pas à la fureur et à la vengeance.
Той очакваше страх и малодушие, а не ярост и отмъщение.
François regarda les deux chiens sortir du nid en ruine.
Франсоа се взираше как и двете кучета изскочиха от разрушеното гнездо.
Il comprit immédiatement ce qui avait déclenché cette lutte sauvage.
Той веднага разбра какво е започнало дивата борба.
« Aa-ah ! » s'écria François en soutien au chien brun.

„А-а!" – извика Франсоа в подкрепа на кафявото куче.
« Frappez-le ! Par Dieu, punissez ce voleur sournois ! »
„Набий го! За Бога, накажи този хитър крадец!"
Spitz a montré une volonté égale et une impatience folle de se battre.
Шпиц показа еднаква готовност и диво желание за бой.
Il cria de rage tout en tournant rapidement en rond, cherchant une ouverture.
Той извика от ярост, докато бързо кръжеше в търсене на пролука.
Buck a montré la même soif de combat et la même prudence.
Бък показа същия глад за борба и същата предпазливост.
Il a également encerclé son adversaire, essayant de prendre le dessus dans la bataille.
Той също обиколи противника си, опитвайки се да вземе надмощие в битката.
Puis quelque chose d'inattendu s'est produit et a tout changé.
Тогава се случи нещо неочаквано и промени всичко.
Ce moment a retardé l'éventuelle lutte pour le leadership.
Този момент забави евентуалната борба за лидерство.
De nombreux kilomètres de piste et de lutte attendaient encore avant la fin.
Много километри пътеки и борба все още чакаха преди края.
Perrault cria un juron tandis qu'une massue frappait un os.
Перо изруга, когато тояга се стовари върху кост.
Un cri aigu de douleur suivit, puis le chaos explosa tout autour.
Последва остър вик на болка, след което хаос избухна навсякъде.
Des formes sombres se déplaçaient dans le camp ; des huskies sauvages, affamés et féroces.
Тъмни силуети се движеха в лагера; диви хъскита, изгладнели и свирепи.
Quatre ou cinq douzaines de huskies avaient reniflé le camp de loin.

Четири или пет дузини хъскита бяха подушили лагера отдалеч.
Ils s'étaient glissés discrètement pendant que les deux chiens se battaient à proximité.
Те се бяха промъкнали тихо, докато двете кучета се биеха наблизо.
François et Perrault chargèrent en brandissant des massues sur les envahisseurs.
Франсоа и Перо се нахвърлиха в атака, размахвайки тояги срещу нашествениците.
Les huskies affamés ont montré les dents et ont riposté avec frénésie.
Изгладнелите хъскита показаха зъби и се съпротивляваха яростно.
L'odeur de la viande et du pain les avait chassés de toute peur.
Миризмата на месо и хляб ги беше прогонила отвъд всякакъв страх.
Perrault battait un chien qui avait enfoui sa tête dans la boîte à nourriture.
Перо бие куче, което си беше заровило главата в кутията с храна.
Le coup a été violent et la boîte s'est retournée, la nourriture s'est répandue.
Ударът беше силен, кутията се преобърна и храната се разсипа навън.
En quelques secondes, une vingtaine de bêtes sauvages déchirèrent le pain et la viande.
За секунди десетки диви зверове разкъсаха хляба и месото.
Les gourdin masculins ont porté coup sur coup, mais aucun chien ne s'est détourné.
Мъжките стика нанасяха удар след удар, но нито едно куче не се обърна.
Ils hurlaient de douleur, mais se battaient jusqu'à ce qu'il ne reste plus de nourriture.
Те виеха от болка, но се бореха, докато не им остана никаква храна.

Pendant ce temps, les chiens de traîneau avaient sauté de leurs lits enneigés.
Междувременно кучетата за впряг бяха скочили от снежните си легла.
Ils ont été immédiatement attaqués par les huskies vicieux et affamés.
Те бяха незабавно нападнати от свирепите гладни хъскита.
Buck n'avait jamais vu de créatures aussi sauvages et affamées auparavant.
Бък никога преди не беше виждал толкова диви и гладни същества.
Leur peau pendait librement, cachant à peine leur squelette.
Кожата им висеше отпусната, едва скривайки скелетите им.
Il y avait un feu dans leurs yeux, de faim et de folie
В очите им имаше огън, от глад и лудост
Il n'y avait aucun moyen de les arrêter, aucune résistance à leur ruée sauvage.
Нямаше как да ги спрат; нямаше как да се устои на дивашкия им натиск.
Les chiens de traîneau furent repoussés, pressés contre la paroi de la falaise.
Впрягащите кучета бяха избутани назад, притиснати към стената на скалата.
Trois huskies ont attaqué Buck en même temps, déchirant sa chair.
Три хъскита нападнаха Бък едновременно, разкъсвайки плътта му.
Du sang coulait de sa tête et de ses épaules, là où il avait été coupé.
Кръв се лееше от главата и раменете му, където беше порязан.
Le bruit remplissait le camp : grognements, cris et cris de douleur.
Шумът изпълни лагера; ръмжене, писъци и викове на болка.

Billee pleurait fort, comme d'habitude, prise dans la mêlée et la panique.
Били, както обикновено, извика силно, обзета от суматохата и паниката.

Dave et Solleks se tenaient côte à côte, saignant mais provocants.
Дейв и Солекс стояха един до друг, кървящи, но непокорни.

Joe s'est battu comme un démon, mordant tout ce qui s'approchait.
Джо се бореше като демон, хапейки всичко, което се доближеше до него.

Il a écrasé la jambe d'un husky d'un claquement brutal de ses mâchoires.
Той смачка крака на хъски с едно брутално щракване на челюстите си.

Pike a sauté sur le husky blessé et lui a brisé le cou instantanément.
Щука скочи върху раненото хъски и мигновено му счупи врата.

Buck a attrapé un husky par la gorge et lui a déchiré la veine.
Бък хвана едно хъски за гърлото и разкъса вената му.

Le sang gicla et le goût chaud poussa Buck dans une frénésie.
Кръв пръсна, а топлият вкус докара Бък до лудост.

Il s'est jeté sur un autre agresseur sans hésitation.
Той се хвърли върху друг нападател без колебание.

Au même moment, des dents acérées s'enfoncèrent dans la gorge de Buck.
В същия момент остри зъби се забиха в гърлото на Бък.

Spitz avait frappé de côté, attaquant sans avertissement.
Шпиц беше ударил отстрани, атакувайки без предупреждение.

Perrault et François avaient vaincu les chiens en volant la nourriture.
Перо и Франсоа бяха победили кучетата, които крадяха храната.

Ils se sont alors précipités pour aider leurs chiens à repousser les attaquants.
Сега те се втурнаха да помогнат на кучетата си да се преборят с нападателите.
Les chiens affamés se retirèrent tandis que les hommes brandissaient leurs gourdins.
Гладните кучета се отдръпнаха, докато мъжете размахваха тоягите си.
Buck s'est libéré de l'attaque, mais l'évasion a été brève.
Бък се измъкна от атаката, но бягството беше кратко.
Les hommes ont couru pour sauver leurs chiens, et les huskies ont de nouveau afflué.
Мъжете хукнаха да спасяват кучетата си, а хъскитата отново се нахвърлиха върху тях.
Billee, effrayé et courageux, sauta dans la meute de chiens.
Били, уплашен до храброст, скочи в глутницата кучета.
Mais il s'est alors enfui sur la glace, saisi de terreur et de panique.
Но след това той избяга през леда, обзет от неподправен ужас и паника.
Pike et Dub suivaient de près, courant pour sauver leur vie.
Пайк и Дъб ги следваха плътно, бягайки, за да се спасят живота им.
Le reste de l'équipe s'est séparé et dispersé, les suivant.
Останалата част от екипа се разпръсна и ги последва.
Buck rassembla ses forces pour courir, mais vit alors un éclair.
Бък събра сили да бяга, но тогава видя проблясък.
Spitz s'est jeté sur le côté de Buck, essayant de le faire tomber au sol.
Шпиц се хвърли към Бък, опитвайки се да го събори на земята.
Sous cette foule de huskies, Buck n'aurait eu aucune échappatoire.
Под тази тълпа хъскита Бък нямаше да има спасение.
Mais Buck est resté ferme et s'est préparé au coup de Spitz.
Но Бък стоеше твърдо и се приготви за удара от Шпиц.

Puis il s'est retourné et a couru sur la glace avec l'équipe en fuite.
След това се обърна и изтича на леда с бягащия отбор.

Plus tard, les neuf chiens de traîneau se sont rassemblés à l'abri des bois.
По-късно деветте кучета за впряг се събраха в убежището на гората.

Personne ne les poursuivait plus, mais ils étaient battus et blessés.
Никой вече не ги гонеше, но те бяха пребити и ранени.

Chaque chien avait des blessures ; quatre ou cinq coupures profondes sur chaque corps.
Всяко куче имаше рани; четири или пет дълбоки порязвания по тялото на всяко.

Dub avait une patte arrière blessée et avait du mal à marcher maintenant.
Дъб имаше контузен заден крак и сега се мъчеше да ходи.

Dolly, le nouveau chien de Dyea, avait la gorge tranchée.
Доли, най-новото куче от Дайя, имаше прерязано гърло.

Joe avait perdu un œil et l'oreille de Billee était coupée en morceaux
Джо беше загубил око, а ухото на Били беше отрязано на парчета

Tous les chiens ont crié de douleur et de défaite toute la nuit.
Всички кучета плачеха от болка и поражение през нощта.

À l'aube, ils retournèrent au camp, endoloris et brisés.
На разсъмване те се промъкнаха обратно в лагера, измъчени и съкрушени.

Les huskies avaient disparu, mais le mal était fait.
Хъскитата бяха изчезнали, но щетите бяха нанесени.

Perrault et François étaient de mauvaise humeur à cause de la ruine.
Перо и Франсоа стояха разстроени над руините.

La moitié de la nourriture avait disparu, volée par les voleurs affamés.

Половината храна беше изчезнала, открадната от гладните крадци.
Les huskies avaient déchiré les fixations et la toile du traîneau.
Хъскитата бяха разкъсали въжетата и платното на шейната.
Tout ce qui avait une odeur de nourriture avait été complètement dévoré.
Всичко, което миришеше на храна, беше погълнато напълно.
Ils ont mangé une paire de bottes de voyage en peau d'élan de Perrault.
Те изядоха чифт пътнически ботуши от лосова кожа на Перо.
Ils ont mâché des reis en cuir et ruiné des sangles au point de les rendre inutilisables.
Те дъвчаха кожени рейси и съсипваха каишките до степен да не се използват.
François cessa de fixer le fouet déchiré pour vérifier les chiens.
Франсоа спря да се взира в скъсания камшик, за да огледа кучетата.
« Ah, mes amis », dit-il d'une voix basse et pleine d'inquiétude.
— Ах, приятели мои — каза той с тих и изпълнен с тревога глас.
« Peut-être que toutes ces morsures vous transformeront en bêtes folles. »
„Може би всички тези ухапвания ще ви превърнат в луди зверове."
« Peut-être que ce sont tous des chiens enragés, sacredam ! Qu'en penses-tu, Perrault ? »
„Може би всички бесни кучета, свещени дяволи! Какво мислиш, Перо?"
Perrault secoua la tête, les yeux sombres d'inquiétude et de peur.

Перо поклати глава, очите му потъмняха от тревога и страх.
Il y avait encore quatre cents milles entre eux et Dawson.
Четиристотин мили все още ги разделяха от Доусън.
La folie canine pourrait désormais détruire toute chance de survie.
Кучешката лудост сега може да унищожи всеки шанс за оцеляване.
Ils ont passé deux heures à jurer et à essayer de réparer le matériel.
Те прекараха два часа в ругатни и опити да поправят екипировката.
L'équipe blessée a finalement quitté le camp, brisée et vaincue.
Раненият екип най-накрая напусна лагера, съкрушен и победен.
C'était le sentier le plus difficile jusqu'à présent, et chaque pas était douloureux.
Това беше най-трудният път досега и всяка стъпка беше болезнена.
La rivière Thirty Mile n'était pas gelée et coulait à flots.
Река Тридесет миля не беше замръзнала и течеше диво.
Ce n'est que dans les endroits calmes et les tourbillons que la glace parvenait à tenir.
Само в спокойни места и вихрушки ледът успяваше да се задържи.
Six jours de dur labeur se sont écoulés jusqu'à ce que les trente milles soient parcourus.
Шест дни тежък труд минаха, докато изминат тридесетте мили.
Chaque kilomètre parcouru sur le sentier apportait du danger et une menace de mort.
Всяка миля от пътеката носеше опасност и заплаха от смърт.
Les hommes et les chiens risquaient leur vie à chaque pas douloureux.

Мъжете и кучетата рискуваха живота си с всяка болезнена стъпка.
Perrault a franchi des ponts de glace minces à une douzaine de reprises.
Перо е пробивал тънки ледени мостове десетина пъти.
Il portait une perche et la laissait tomber sur le trou que son corps avait fait.
Той носеше прът и го пусна да падне върху дупката, която тялото му направи.
Plus d'une fois, ce poteau a sauvé Perrault de la noyade.
Неведнъж този прът е спасявал Перо от удавяне.
La vague de froid persistait, l'air était à cinquante degrés en dessous de zéro.
Студеният пристъп се задържа силно, въздухът беше петдесет градуса под нулата.
Chaque fois qu'il tombait, Perrault devait allumer un feu pour survivre.
Всеки път, когато падаше, Перо трябваше да пали огън, за да оцелее.
Les vêtements mouillés gelaient rapidement, alors il les séchait près d'une source de chaleur intense.
Мокрите дрехи замръзваха бързо, затова ги сушеше близо до палеща жега.
Aucune peur n'a jamais touché Perrault, et cela a fait de lui un courrier.
Никакъв страх никога не е докосвал Перо и това го е правело куриер.
Il a été choisi pour le danger, et il l'a affronté avec une résolution tranquille.
Той беше избран за опасност и я посрещна с тиха решителност.
Il s'avança face au vent, son visage ratatiné et gelé.
Той се напъна напред срещу вятъра, сбръчканото му лице беше измръзнало.
De l'aube naissante à la tombée de la nuit, Perrault les mena en avant.

От слабия зори до падането на здрача Перо ги водеше напред.

Il marchait sur une étroite bordure de glace qui se fissurait à chaque pas.

Той вървеше по тесен леден ръб, който се пукаше с всяка стъпка.

Ils n'osaient pas s'arrêter : chaque pause risquait de provoquer un effondrement mortel.

Те не смееха да спрат — всяка пауза рискуваше смъртоносен колапс.

Un jour, le traîneau s'est brisé, entraînant Dave et Buck à l'intérieur.

Веднъж шейната се счупи, издърпвайки Дейв и Бък навътре.

Au moment où ils ont été libérés, tous deux étaient presque gelés.

Когато ги измъкнаха, и двамата бяха почти замръзнали.

Les hommes ont rapidement allumé un feu pour garder Buck et Dave en vie.

Мъжете бързо запалиха огън, за да запазят Бък и Дейв живи.

Les chiens étaient recouverts de glace du nez à la queue, raides comme du bois sculpté.

Кучетата бяха покрити с лед от носа до опашката, твърди като резбовано дърво.

Les hommes les faisaient courir en rond près du feu pour décongeler leurs corps.

Мъжете ги пускаха в кръг близо до огъня, за да размразят телата им.

Ils se sont approchés si près des flammes que leur fourrure a été brûlée.

Те се приближиха толкова близо до пламъците, че козината им беше опърлена.

Spitz a ensuite brisé la glace, entraînant l'équipe derrière lui.

Шпиц проби леда, повличайки впряга след себе си.

La cassure s'est étendue jusqu'à l'endroit où Buck tirait.

Счупването стигаше чак до мястото, където Бък дърпаше.

Buck se pencha en arrière, ses pattes glissant et tremblant sur le bord.
Бък се облегна рязко назад, лапите му се хлъзгаха и трепереха по ръба.
Dave a également tendu vers l'arrière, juste derrière Buck sur la ligne.
Дейв също се напрегна назад, точно зад Бък на въжето.
François tirait sur le traîneau, ses muscles craquant sous l'effort.
Франсоа теглеше шейната, мускулите му пукаха от усилие.
Une autre fois, la glace du bord s'est fissurée devant et derrière le traîneau.
Друг път, ледът по ръба се напука пред и зад шейната.
Ils n'avaient d'autre issue que d'escalader une paroi rocheuse gelée.
Нямаха друг изход, освен да се изкачат по замръзнала скална стена.
Perrault a réussi à escalader le mur, mais un miracle l'a maintenu en vie.
Перо някак си се изкачи по стената; чудо го опази жив.
François resta en bas, priant pour avoir le même genre de chance.
Франсоа остана долу и се молеше за същия късмет.
Ils ont attaché chaque sangle, chaque amarrage et chaque traçage en une seule longue corde.
Те завързаха всяка каишка, връзване и конец в едно дълго въже.
Les hommes ont hissé chaque chien, un par un, jusqu'au sommet.
Мъжете издърпаха всяко куче нагоре, едно по едно, до върха.
François est monté en dernier, après le traîneau et toute la charge.
Франсоа се качи последен, след шейната и целия товар.
Commença alors une longue recherche d'un chemin pour descendre des falaises.

След това започна дълго търсене на пътека надолу от скалите.
Ils sont finalement descendus en utilisant la même corde qu'ils avaient fabriquée.
Накрая те слязоха, използвайки същото въже, което бяха направили.
La nuit tombait alors qu'ils retournaient au lit de la rivière, épuisés et endoloris.
Нощта падна, когато се върнаха към речното корито, изтощени и болни.
La journée entière ne leur avait permis de gagner qu'un quart de mile.
Целият ден им беше донесъл само четвърт миля напред.
Au moment où ils atteignirent le Hootalinqua, Buck était épuisé.
Когато стигнаха до Хуталинкуа, Бък беше изтощен.
Les autres chiens ont tout autant souffert des conditions du sentier.
Другите кучета пострадаха също толкова зле от условията на пътеката.
Mais Perrault avait besoin de récupérer du temps et les poussait chaque jour.
Но Перо се нуждаеше от възстановяване на времето и ги притискаше всеки ден.
Le premier jour, ils ont parcouru trente miles jusqu'à Big Salmon.
Първия ден пътуваха тридесет мили до Биг Салмон.
Le lendemain, ils parcoururent trente-cinq milles jusqu'à Little Salmon.
На следващия ден те пътуваха тридесет и пет мили до Литъл Салмон.
Le troisième jour, ils ont parcouru quarante longs kilomètres gelés.
На третия ден те изминаха четиридесет дълги замръзнали мили.
À ce moment-là, ils approchaient de la colonie de Five Fingers.

По това време те вече наближаваха селището Петте пръста.

Les pieds de Buck étaient plus doux que les pieds durs des huskies indigènes.
Краката на Бък бяха по-меки от твърдите крака на местните хъскита.
Ses pattes étaient devenues plus fragiles au fil des générations civilisées.
Лапите му бяха станали крехки през многото цивилизовани поколения.
Il y a longtemps, ses ancêtres avaient été apprivoisés par des hommes de la rivière ou des chasseurs.
Преди много време неговите предци бяха опитомени от речни хора или ловци.
Chaque jour, Buck boitait de douleur, marchant sur des pattes à vif et douloureuses.
Всеки ден Бък куцаше от болка, ходейки по разранени, болезнени лапи.
Au camp, Buck tomba comme une forme sans vie sur la neige.
В лагера Бък се строполи като безжизнено тяло върху снега.
Bien qu'affamé, Buck ne s'est pas levé pour manger son repas du soir.
Въпреки че гладуваше, Бък не стана да вечеря.
François apporta sa ration à Buck, en déposant du poisson près de son museau.
Франсоа донесе дажбата му на Бък, като сложи риба до муцуната му.
Chaque nuit, le chauffeur frottait les pieds de Buck pendant une demi-heure.
Всяка вечер шофьорът разтривал краката на Бък по половин час.
François a même découpé ses propres mocassins pour en faire des chaussures pour chiens.

Франсоа дори нарязал собствените си мокасини, за да си направи обувки за кучета.
Quatre chaussures chaudes ont apporté à Buck un grand et bienvenu soulagement.
Четири топли обувки донесоха на Бък голямо и желано облекчение.
Un matin, François oublia ses chaussures et Buck refusa de se lever.
Една сутрин Франсоа забрави обувките, а Бък отказа да стане.
Buck était allongé sur le dos, les pieds en l'air, les agitant pitoyablement.
Бък лежеше по гръб с крака във въздуха и размахваше жално ги.
Même Perrault sourit à la vue de l'appel dramatique de Buck.
Дори Перо се ухили при вида на драматичната молба на Бък.
Bientôt, les pieds de Buck devinrent durs et les chaussures purent être jetées.
Скоро краката на Бък се втвърдиха и обувките можеха да бъдат изхвърлени.
À Pelly, pendant le temps du harnais, Dolly laissait échapper un hurlement épouvantable.
В Пели, по време на впрягането, Доли издаде ужасен вой.
Le cri était long et rempli de folie, secouant chaque chien.
Викът беше дълъг и изпълнен с лудост, разтърсвайки всяко куче.
Chaque chien se hérissait de peur sans en connaître la raison.
Всяко куче настръхна от страх, без да знае причината.
Dolly était devenue folle et s'était jetée directement sur Buck.
Доли беше полудяла и се хвърли право върху Бък.
Buck n'avait jamais vu la folie, mais l'horreur remplissait son cœur.

Бък никога не беше виждал лудост, но ужас изпълваше сърцето му.
Sans réfléchir, il se retourna et s'enfuit, complètement paniqué.
Без да се замисля, той се обърна и избяга в абсолютна паника.
Dolly le poursuivit, les yeux fous, la salive s'échappant de ses mâchoires.
Доли го гони, с обезумял поглед, слюнка хвърчаща от челюстите й.
Elle est restée juste derrière Buck, sans jamais gagner ni reculer.
Тя се държеше точно зад Бък, без да го настига, нито пък отстъпваше назад.
Buck courut à travers les bois, le long de l'île, sur de la glace déchiquetée.
Бък тичаше през гората, надолу по острова, през назъбения лед.
Il traversa vers une île, puis une autre, revenant vers la rivière.
Той прекоси до един остров, после до друг, заобикаляйки обратно към реката.
Dolly le poursuivait toujours, son grognement le suivant de près à chaque pas.
Доли все още го гонеше, ръмжейки след него на всяка крачка.
Buck pouvait entendre son souffle et sa rage, même s'il n'osait pas regarder en arrière.
Бък чуваше дъха и яростта й, макар че не смееше да погледне назад.
François cria de loin, et Buck se tourna vers la voix.
Франсоа извика отдалеч и Бък се обърна по посока на гласа.
Encore à bout de souffle, Buck courut, plaçant tout espoir en François.
Все още задъхан, Бък протича покрай тях, възлагайки всички надежди на Франсоа.

Le conducteur du chien leva une hache et attendit que Buck passe à toute vitesse.
Водачът на кучето вдигна брадва и изчака, докато Бък прелетя покрай него.

La hache s'abattit rapidement et frappa la tête de Dolly avec une force mortelle.
Брадвата се стовари бързо и удари главата на Доли със смъртоносна сила.

Buck s'est effondré près du traîneau, essoufflé et incapable de bouger.
Бък се свлече близо до шейната, хриптейки и неспособен да се помръдне.

Ce moment a donné à Spitz l'occasion de frapper un ennemi épuisé.
Този момент даде на Шпиц шанс да удари изтощен враг.

Il a mordu Buck à deux reprises, déchirant la chair jusqu'à l'os blanc.
Два пъти ухапа Бък, разкъсвайки плътта му до бялата кост.

Le fouet de François claqua, frappant Spitz avec toute sa force et sa fureur.
Камшикът на Франсоа изпука и удари Шпиц с пълна, яростна сила.

Buck regarda avec joie Spitz recevoir sa raclée la plus dure jusqu'à présent.
Бък наблюдаваше с радост как Шпиц получаваше най-жестокия си побой досега.

« C'est un diable, ce Spitz », murmura sombrement Perrault pour lui-même.
„Той е дявол, този Шпиц", промърмори мрачно Перо на себе си.

« Un jour prochain, ce maudit chien tuera Buck, je le jure. »
„Някой ден скоро това проклето куче ще убие Бък — кълна се."

« Ce Buck a deux démons en lui », répondit François en hochant la tête.
— Този Бък има два дявола в себе си — отвърна Франсоа с кимване.

« Quand je regarde Buck, je sais que quelque chose de féroce l'attend. »

„Когато гледам Бък, знам, че в него чака нещо яростно."

« Un jour, il deviendra fou comme le feu et mettra Spitz en pièces. »

„Един ден ще се разяри като огън и ще разкъса Шпиц на парчета."

« Il va mâcher ce chien et le recracher sur la neige gelée. »

„Ще сдъвче това куче и ще го изплюе върху замръзналия сняг."

« Bien sûr que non, je le sais au plus profond de moi. »

„Разбира се, знам го дълбоко в себе си."

À partir de ce moment-là, les deux chiens étaient engagés dans une guerre.

От този момент нататък двете кучета бяха вперени във война.

Spitz a dirigé l'équipe et a conservé le pouvoir, mais Buck a contesté cela.

Шпиц водеше отбора и държеше властта, но Бък оспори това.

Spitz a vu son rang menacé par cet étrange étranger du Sud.

Шпиц видя как този странен непознат от Юга е заплашен за ранга му.

Buck ne ressemblait à aucun autre chien du sud que Spitz avait connu auparavant.

Бък не приличаше на никое южняшко куче, което Шпиц беше познавал преди.

La plupart d'entre eux ont échoué, trop faibles pour survivre au froid et à la faim.

Повечето от тях се провалиха – твърде слаби, за да преживеят студ и глад.

Ils sont morts rapidement à cause du travail, du gel et de la lenteur de la famine.

Те умираха бързо под труда, студа и бавното изгаряне на глада.

Buck se démarquait : plus fort, plus intelligent et plus sauvage chaque jour.

Бък се открояваше — по-силен, по-умен и по-свиреп с всеки изминал ден.
Il a prospéré dans les difficultés, grandissant jusqu'à égaler les huskies du Nord.
Той процъфтяваше в трудностите, израствайки, за да може да се сравни със северните хъскита.
Buck avait de la force, une habileté sauvage et un instinct patient et mortel.
Бък притежаваше сила, диво умение и търпелив, смъртоносен инстинкт.
L'homme avec la massue avait fait perdre à Buck toute témérité.
Мъжът с тоягата беше пребил Бък от прибързаност.
La fureur aveugle avait disparu, remplacée par une ruse silencieuse et un contrôle.
Сляпата ярост беше изчезнала, заменена от тиха хитрост и контрол.
Il attendait, calme et primitif, guettant le bon moment.
Той чакаше, спокоен и първичен, търсейки подходящия момент.
Leur lutte pour le commandement est devenue inévitable et claire.
Борбата им за командване стана неизбежна и ясна.
Buck désirait être un leader parce que son esprit l'exigeait.
Бък желаеше лидерство, защото духът му го изискваше.
Il était poussé par l'étrange fierté née du sentier et du harnais.
Той беше воден от странната гордост, родена от пътеката и сбруята.
Cette fierté a poussé les chiens à tirer jusqu'à ce qu'ils s'effondrent sur la neige.
Тази гордост караше кучетата да дърпат, докато не се срутят в снега.
L'orgueil les a poussés à donner toute la force qu'ils avaient.
Гордостта ги примамваше да дадат цялата си сила.
L'orgueil peut attirer un chien de traîneau jusqu'à la mort.
Гордостта може да примами куче за впряг дори до смърт.

La perte du harnais a laissé les chiens brisés et sans but.
Загубата на хамута оставяше кучетата съсипани и безцелни.
Le cœur d'un chien de traîneau peut être brisé par la honte lorsqu'il prend sa retraite.
Сърцето на куче за впряг може да бъде смазано от срам, когато се пенсионира.
Dave vivait avec cette fierté alors qu'il tirait le traîneau par derrière.
Дейв живееше с тази гордост, докато влачеше шейната отзад.
Solleks, lui aussi, a tout donné avec une force et une loyauté redoutables.
Солекс също се отдаде напълно с мрачна сила и лоялност.
Chaque matin, l'orgueil les faisait passer de l'amertume à la détermination.
Всяка сутрин гордостта ги превръщаше от огорчени в решителни.
Ils ont poussé toute la journée, puis sont restés silencieux à la fin du camp.
Те настояваха цял ден, след което замълчаха в края на лагера.
Cette fierté a donné à Spitz la force de battre les tire-au-flanc.
Тази гордост даде на Шпиц силата да подреди избягалите.
Spitz craignait Buck parce que Buck portait cette même fierté profonde.
Шпиц се страхуваше от Бък, защото Бък носеше същата дълбока гордост.
L'orgueil de Buck s'est alors retourné contre Spitz, et il ne s'est pas arrêté.
Гордостта на Бък сега се надигна срещу Шпиц и той не спря.
Buck a défié le pouvoir de Spitz et l'a empêché de punir les chiens.
Бък се противопостави на силата на Шпиц и му попречи да наказва кучета.

Lorsque les autres échouaient, Buck s'interposait entre eux et leur chef.
Когато другите се проваляха, Бък заставаше между тях и техния лидер.
Il l'a fait intentionnellement, en rendant son défi ouvert et clair.
Той направи това с намерение, отправяйки предизвикателството си открито и ясно.
Une nuit, une forte neige a recouvert le monde d'un profond silence.
Една нощ обилен сняг покри света с дълбока тишина.
Le lendemain matin, Pike, paresseux comme toujours, ne se leva pas pour aller travailler.
На следващата сутрин Пайк, мързелив както винаги, не стана за работа.
Il est resté caché dans son nid sous une épaisse couche de neige.
Той остана скрит в гнездото си под дебел слой сняг.
François a appelé et cherché, mais n'a pas pu trouver le chien.
Франсоа извика и потърси, но не можа да намери кучето.
Spitz devint furieux et se précipita à travers le camp couvert de neige.
Шпиц се разяри и нахлу в щурм през покрития със сняг лагер.
Il grogna et renifla, creusant frénétiquement avec des yeux flamboyants.
Той изръмжа и подсмърча, ровейки бясно с пламтящи очи.
Sa rage était si féroce que Pike tremblait sous la neige de peur.
Яростта му беше толкова свирепа, че Пайк се разтресе под снега от страх.
Lorsque Pike fut finalement retrouvé, Spitz se précipita pour punir le chien qui se cachait.
Когато Пайк най-накрая беше намерен, Шпиц се нахвърли, за да накаже скрилото се куче.

Mais Buck s'est précipité entre eux avec une fureur égale à celle de Spitz.
Но Бък скочи между тях с ярост, равна на тази на Шпиц.
L'attaque fut si soudaine et intelligente que Spitz tomba.
Атаката беше толкова внезапна и хитра, че Шпиц падна на земята.
Pike, qui tremblait, puisa du courage dans ce défi.
Пайк, който трепереше, се осмели от това неподчинение.
Il sauta sur le Spitz tombé, suivant l'exemple audacieux de Buck.
Той скочи върху падналия Шпиц, следвайки смелия пример на Бък.
Buck, n'étant plus tenu par l'équité, a rejoint la grève contre Spitz.
Бък, вече не обвързан от принципите на справедливост, се присъедини към стачката срещу Шпиц.
François, amusé mais ferme dans sa discipline, balançait son lourd fouet.
Франсоа, развеселен, но твърдо дисциплиниран, замахна с тежкия си камшик.
Il frappa Buck de toutes ses forces pour mettre fin au combat.
Той удари Бък с всичка сила, за да прекрати боя.
Buck a refusé de bouger et est resté au sommet du chef tombé.
Бък отказа да се помръдне и остана върху падналия водач.
François a ensuite utilisé le manche du fouet, frappant Buck durement.
След това Франсоа използва дръжката на камшика, удряйки силно Бък.
Titubant sous le coup, Buck recula sous l'assaut.
Олюлявайки се от удара, Бък се отдръпна под атаката.
François frappait encore et encore tandis que Spitz punissait Pike.
Франсоа удряше отново и отново, докато Шпиц наказваше Пайк.

Les jours passèrent et Dawson City se rapprocha de plus en plus.
Дните минаваха и Доусън Сити ставаше все по-близо и по-близо.
Buck n'arrêtait pas d'intervenir, se glissant entre le Spitz et les autres chiens.
Бък непрекъснато се месеше, промъквайки се между Шпиц и други кучета.
Il choisissait bien ses moments, attendant toujours que François parte.
Той избираше добре моментите си, винаги чакайки Франсоа да си тръгне.
La rébellion silencieuse de Buck s'est propagée et le désordre a pris racine dans l'équipe.
Тихият бунт на Бък се разпростряни и в отбора се настани безредие.
Dave et Solleks sont restés fidèles, mais d'autres sont devenus indisciplinés.
Дейв и Солекс останаха лоялни, но други станаха непокорни.
L'équipe est devenue de plus en plus agitée, querelleuse et hors de propos.
Екипът ставаше все по-неспокоен — неспокоен, свадлив и нередовен.
Plus rien ne fonctionnait correctement et les bagarres devenaient courantes.
Нищо вече не работеше гладко и кавгите станаха нещо обичайно.
Buck est resté au cœur des troubles, provoquant toujours des troubles.
Бък остана в центъра на неприятностите, винаги провокирайки вълнения.
François restait vigilant, effrayé par le combat entre Buck et Spitz.
Франсоа остана нащрек, страхувайки се от боя между Бък и Шпиц.

Chaque nuit, des bagarres le réveillaient, craignant que le commencement n'arrive enfin.
Всяка нощ го събуждаха схватки, страхувайки се, че началото най-накрая е настъпило.
Il sauta de sa robe, prêt à mettre fin au combat.
Той скочи от робата си, готов да прекъсне боя.
Mais le moment n'arriva jamais et ils atteignirent finalement Dawson.
Но моментът така и не настъпи и най-накрая стигнаха до Доусън.
L'équipe est entrée dans la ville un après-midi sombre, tendu et calme.
Екипът влезе в града един мрачен следобед, напрегнат и тих.
La grande bataille pour le leadership était encore en suspens dans l'air glacial.
Голямата битка за лидерство все още висеше в замръзналия въздух.
Dawson était rempli d'hommes et de chiens de traîneau, tous occupés à travailler.
Доусън беше пълен с мъже и впряжни кучета, всички заети с работа.
Buck regardait les chiens tirer des charges du matin au soir.
Бък наблюдаваше как кучетата теглят товари от сутрин до вечер.
Ils transportaient des bûches et du bois de chauffage et acheminaient des fournitures vers les mines.
Те превозваха трупи и дърва за огрев, превозваха провизии до мините.
Là où les chevaux travaillaient autrefois dans le Southland, les chiens travaillent désormais.
Там, където някога в Южната земя работеха коне, сега се трудеха кучета.
Buck a vu quelques chiens du Sud, mais la plupart étaient des huskies ressemblant à des loups.
Бък видя няколко кучета от юг, но повечето бяха хъскита, подобни на вълци.

La nuit, comme une horloge, les chiens élevaient la voix pour chanter.
През нощта, като по часовник, кучетата пееха с повишен глас.
À neuf heures, à minuit et à nouveau à trois heures, les chants ont commencé.
В девет, в полунощ и отново в три часа пеенето започна.
Buck aimait se joindre à leur chant étrange, au son sauvage et ancien.
Бък обичаше да се присъединява към зловещото им напев, диво и древно по звук.
Les aurores boréales flamboyaient, les étoiles dansaient et la neige recouvrait le pays.
Аврората пламтеше, звездите танцуваха, а земята беше покрита с сняг.
Le chant des chiens s'éleva comme un cri contre le silence et le froid glacial.
Песента на кучетата се издигна като вик срещу тишината и лютия студ.
Mais leur hurlement contenait de la tristesse, et non du défi, dans chaque longue note.
Но воят им съдържаше тъга, а не предизвикателство, във всяка дълга нота.
Chaque cri plaintif était plein de supplications, le fardeau de la vie elle-même.
Всеки вой беше изпълнен с молба; бремето на самия живот.
Cette chanson était vieille, plus vieille que les villes et plus vieille que les incendies.
Тази песен беше стара — по-стара от градовете и по-стара от пожарите
Cette chanson était encore plus ancienne que les voix des hommes.
Тази песен беше по-древна дори от човешките гласове.
C'était une chanson du monde des jeunes, quand toutes les chansons étaient tristes.

Това беше песен от младия свят, когато всички песни бяха тъжни.
La chanson portait la tristesse d'innombrables générations de chiens.
Песента носеше тъга от безброй поколения кучета.
Buck ressentait profondément la mélodie, gémissant de douleur enracinée dans les âges.
Бък усети мелодията дълбоко, стенейки от болка, вкоренена във вековете.
Il sanglotait d'un chagrin aussi vieux que le sang sauvage dans ses veines.
Той ридаеше от мъка, стара като дивата кръв във вените му.
Le froid, l'obscurité et le mystère ont touché l'âme de Buck.
Студът, тъмнината и мистерията докоснаха душата на Бък.
Cette chanson prouvait à quel point Buck était revenu à ses origines.
Тази песен доказа колко далеч се е върнал Бък към корените си.
À travers la neige et les hurlements, il avait trouvé le début de sa propre vie.
През сняг и вой той беше намерил началото на собствения си живот.

Sept jours après leur arrivée à Dawson, ils repartent.
Седем дни след пристигането си в Доусън, те отново тръгнаха на път.
L'équipe est descendue de la caserne jusqu'au sentier du Yukon.
Екипът се спусна от казармата надолу към пътеката Юкон.
Ils ont commencé le voyage de retour vers Dyea et Salt Water.
Те започнаха пътуването обратно към Дайя и Солт Уотър.
Perrault portait des dépêches encore plus urgentes qu'auparavant.
Перо носеше още по-спешни пратки от преди.

Il était également saisi par la fierté du sentier et avait pour objectif d'établir un record.
Той също беше обзет от гордост по пътеките и се стремеше да постави рекорд.
Cette fois, plusieurs avantages étaient du côté de Perrault.
Този път няколко предимства бяха на страната на Перо.
Les chiens s'étaient reposés pendant une semaine entière et avaient repris des forces.
Кучетата бяха почивали цяла седмица и бяха възвърнали силите си.
Le sentier qu'ils avaient ouvert était maintenant damé par d'autres.
Пътеката, която бяха проправили, сега беше утъпкана от други.
À certains endroits, la police avait stocké de la nourriture pour les chiens et les hommes.
На някои места полицията беше складирала храна както за кучета, така и за мъже.
Perrault voyageait léger, se déplaçait rapidement et n'avait pas grand-chose pour l'alourdir.
Перо пътуваше с лекота, движеше се бързо и почти нищо не го тежеше.
Ils ont atteint Sixty-Mile, une course de cinquante milles, dès la première nuit.
Те стигнаха до „Шестдесет мили", бягане от петдесет мили, още първата нощ.
Le deuxième jour, ils se sont précipités sur le Yukon en direction de Pelly.
На втория ден те се втурнаха нагоре по Юкон към Пели.
Mais ces beaux progrès ont été accompagnés de beaucoup de difficultés pour François.
Но такъв добър напредък дойде с много напрежение за Франсоа.
La rébellion silencieuse de Buck avait brisé la discipline de l'équipe.
Тихият бунт на Бък беше разрушил дисциплината на отбора.

Ils ne se rassemblaient plus comme une seule bête dans les rênes.
Те вече не се дърпаха заедно като един звяр, държан на юздите.
Buck avait conduit d'autres personnes à la défiance par son exemple audacieux.
Бък беше подтикнал другите към неподчинение чрез смелия си пример.
L'ordre de Spitz n'a plus été accueilli avec crainte ou respect.
Заповедта на Шпиц вече не беше посрещана със страх или уважение.
Les autres ont perdu leur respect pour lui et ont osé résister à son règne.
Другите загубиха страхопочитанието си към него и се осмелиха да се съпротивляват на управлението му.
Une nuit, Pike a volé la moitié d'un poisson et l'a mangé sous les yeux de Buck.
Една нощ Пайк откраднал половин риба и я изял под окото на Бък.
Une autre nuit, Dub et Joe se sont battus contre Spitz et sont restés impunis.
Друга вечер Дъб и Джо се сбиха със Шпиц и останаха ненаказани.
Même Billee gémissait moins doucement et montrait une nouvelle vivacité.
Дори Били хленчеше по-малко сладко и показа нова острота.
Buck grognait sur Spitz à chaque fois qu'ils se croisaient.
Бък ръмжеше на Шпиц всеки път, когато пътищата им се пресичаха.
L'attitude de Buck devint audacieuse et menaçante, presque comme celle d'un tyran.
Отношението на Бък стана дръзко и заплашително, почти като на побойник.
Il marchait devant Spitz avec une démarche assurée, pleine de menace moqueuse.

Той крачеше пред Шпиц с перчене, изпълнено с подигравателна заплаха.
Cet effondrement de l'ordre s'est également propagé parmi les chiens de traîneau.
Това разрушаване на реда се разпространи и сред кучетата за впряг.
Ils se battaient et se disputaient plus que jamais, remplissant le camp de bruit.
Те се караха и спореха повече от всякога, изпълвайки лагера с шум.
La vie au camp se transformait chaque nuit en un chaos sauvage et hurlant.
Лагерният живот се превръщаше в див, виещ хаос всяка нощ.
Seuls Dave et Solleks sont restés stables et concentrés.
Само Дейв и Солекс останаха стабилни и съсредоточени.
Mais même eux sont devenus colériques à cause des bagarres incessantes.
Но дори и те се изнервяха от постоянните сбивания.
François jurait dans des langues étranges et piétinait de frustration.
Франсоа изруга на странни езици и тропаше отчаяно.
Il s'arrachait les cheveux et criait tandis que la neige volait sous ses pieds.
Той скубеше косата си и крещеше, докато сняг лети под краката му.
Son fouet claqua sur le groupe, mais parvint à peine à les maintenir en ligne.
Камшикът му щракна по глутницата, но едва ги задържа в редица.
Chaque fois qu'il tournait le dos, les combats reprenaient.
Винаги, когато обръщаше гръб, боят избухваше отново.
François a utilisé le fouet pour Spitz, tandis que Buck a dirigé les rebelles.
Франсоа използва камшика за Шпиц, докато Бък поведе бунтовниците.

Chacun connaissait le rôle de l'autre, mais Buck évitait tout blâme.
Всеки знаеше ролята на другия, но Бък избягваше всякакви обвинения.

François n'a jamais surpris Buck en train de provoquer une bagarre ou de se dérober à son travail.
Франсоа никога не е хващал Бък да започва бой или да бяга от работата си.

Buck travaillait dur sous le harnais – le travail lui faisait désormais vibrer l'esprit.
Бък работеше усилено в хамута — трудът сега вълнуваше духа му.

Mais il trouvait encore plus de joie à provoquer des bagarres et du chaos dans le camp.
Но той намираше още по-голяма радост в разпалването на боеве и хаос в лагера.

Un soir, à l'embouchure du Tahkeena, Dub fit sursauter un lapin.
Една вечер в устата на Тахкина, Дъб стреснал заек.

Il a raté la prise et le lièvre d'Amérique s'est enfui.
Той пропусна уловката и заекът-снежник отскочи.

En quelques secondes, toute l'équipe de traîneau s'est lancée à sa poursuite en poussant des cris sauvages.
След секунди целият впряг с шейни ги преследваше с диви викове.

À proximité, un camp de la police du Nord-Ouest abritait une cinquantaine de chiens huskys.
Наблизо, лагер на северозападната полиция приютяваше петдесет кучета хъски.

Ils se sont joints à la chasse, descendant ensemble la rivière gelée.
Те се присъединиха към лова, спускайки се заедно по замръзналата река.

Le lapin a quitté la rivière et s'est enfui dans le lit d'un ruisseau gelé.

Заекът свърна от реката, бягайки нагоре по замръзналото корито на потока.
Le lapin sautait légèrement sur la neige tandis que les chiens peinaient à se frayer un chemin.
Заекът леко подскачаше по снега, докато кучетата се мъчеха да се промъкнат през него.
Buck menait l'énorme meute de soixante chiens dans chaque virage sinueux.
Бък водеше огромната глутница от шестдесет кучета около всеки криволичещ завой.
Il avança, bas et impatient, mais ne put gagner du terrain.
Той продължи напред, ниско и нетърпеливо, но не можа да набере скорост.
Son corps brillait sous la lune pâle à chaque saut puissant.
Тялото му проблясваше под бледата луна с всеки мощен скок.
Devant, le lapin se déplaçait comme un fantôme, silencieux et trop rapide pour être attrapé.
Напред заекът се движеше като призрак, безшумен и твърде бърз, за да бъде хванат.
Tous ces vieux instincts – la faim, le frisson – envahirent Buck.
Всички онези стари инстинкти – гладът, тръпката – нахлуха в Бък.
Les humains ressentent parfois cet instinct et sont poussés à chasser avec une arme à feu et des balles.
Хората понякога усещат този инстинкт, подтикнати да ловуват с пушка и куршуми.
Mais Buck ressentait ce sentiment à un niveau plus profond et plus personnel.
Но Бък изпитваше това чувство на по-дълбоко и по-лично ниво.
Ils ne pouvaient pas ressentir la nature sauvage dans leur sang comme Buck pouvait la ressentir.
Те не можеха да усетят дивото в кръвта си така, както Бък можеше да го усети.

Il chassait la viande vivante, prêt à tuer avec ses dents et à goûter le sang.
Той гонеше живо месо, готов да убива със зъби и да вкуси кръв.
Son corps se tendait de joie, voulant se baigner dans la vie rouge et chaude.
Тялото му се напрягаше от радост, искаше да се окъпе в топлата червена вода на живота.
Une joie étrange marque le point le plus élevé que la vie puisse atteindre.
Странна радост бележи най-високата точка, която животът някога може да достигне.
La sensation d'un pic où les vivants oublient même qu'ils sont en vie.
Усещането за връх, където живите забравят, че изобщо са живи.
Cette joie profonde touche l'artiste perdu dans une inspiration fulgurante.
Тази дълбока радост докосва художника, изгубен в пламтящо вдъхновение.
Cette joie saisit le soldat qui se bat avec acharnement et n'épargne aucun ennemi.
Тази радост обзема войника, който се бие диво и не щади врагове.
Cette joie s'empara alors de Buck alors qu'il menait la meute dans une faim primitive.
Тази радост сега обзе Бък, докато водеше глутницата с първичен глад.
Il hurla avec le cri ancien du loup, ravi par la chasse vivante.
Той виеше с древния вълчи вик, развълнуван от живата лов.
Buck a puisé dans la partie la plus ancienne de lui-même, perdue dans la nature.
Бък се докосна до най-старата част от себе си, изгубена в дивата природа.
Il a puisé au plus profond de lui-même, au-delà de la mémoire, dans le temps brut et ancien.

Той се потопи дълбоко в себе си, в отвъдните спомени, в суровото, древно време.

Une vague de vie pure a traversé chaque muscle et chaque tendon.

Вълна от чист живот премина през всеки мускул и сухожилие.

Chaque saut criait qu'il vivait, qu'il traversait la mort.

Всеки скок крещеше, че е жив, че преминава през смъртта.

Son corps s'élevait joyeusement au-dessus d'une terre calme et froide qui ne bougeait jamais.

Тялото му се рееше радостно над неподвижна, студена земя, която никога не помръдваше.

Spitz est resté froid et rusé, même dans ses moments les plus fous.

Шпиц оставаше хладнокръвен и хитър, дори в най-дивите си моменти.

Il quitta le sentier et traversa un terrain où le ruisseau formait une large courbe.

Той напусна пътеката и прекоси земя, където потокът се извиваше широко.

Buck, inconscient de cela, resta sur le chemin sinueux du lapin.

Бък, без да знае за това, остана на криволичещата пътека на заека.

Puis, alors que Buck tournait un virage, le lapin fantomatique était devant lui.

Тогава, когато Бък зави зад завой, призрачният заек се озова пред него.

Il vit une deuxième silhouette sauter de la berge devant la proie.

Той видя втора фигура да скочи от брега пред плячката.

La silhouette était celle d'un Spitz, atterrissant juste sur le chemin du lapin en fuite.

Фигурата беше Шпиц, кацнал точно на пътя на бягащия заек.

Le lapin ne pouvait pas se retourner et a rencontré les mâchoires de Spitz en plein vol.

Заекът не можеше да се обърне и срещна челюстите на Шпиц във въздуха.
La colonne vertébrale du lapin se brisa avec un cri aussi aigu que le cri d'un humain mourant.
Гръбнакът на заека се счупи с писък, остър като плач на умиращ човек.
À ce bruit – la chute de la vie à la mort – la meute hurla fort.
При този звук — падането от живот към смърт — глутницата залая силно.
Un chœur sauvage s'éleva derrière Buck, plein de joie sombre.
Див хор се издигна зад Бък, изпълнен с мрачна наслада.
Buck n'a émis aucun cri, aucun son, et a chargé directement Spitz.
Бък не издаде нито вик, нито звук и се нахвърли право върху Шпиц.
Il a visé la gorge, mais a touché l'épaule à la place.
Той се прицели в гърлото, но вместо това удари рамото.
Ils dégringolèrent dans la neige molle, leurs corps bloqués dans le combat.
Те се търкаляха през мекия сняг; телата им се сковаха в битка.
Spitz se releva rapidement, comme s'il n'avait jamais été renversé.
Шпиц скочи бързо, сякаш никога не е бил повален.
Il a entaillé l'épaule de Buck, puis s'est éloigné du combat.
Той поряза рамото на Бък, след което скочи да се отдръпне от боя.
À deux reprises, ses dents claquèrent comme des pièges en acier, ses lèvres se retroussèrent et devinrent féroces.
Зъбите му щракнаха два пъти като стоманени капани, устните му се извиха свирепо.
Il recula lentement, cherchant un sol ferme sous ses pieds.
Той се отдръпна бавно, търсейки твърда почва под краката си.
Buck a compris le moment instantanément et pleinement.
Бък разбра момента мигновено и напълно.

Le moment était venu ; le combat allait être un combat à mort.
Времето беше дошло; битката щеше да бъде битка до смърт.
Les deux chiens tournaient en rond, grognant, les oreilles plates, les yeux plissés.
Двете кучета кръжаха около тях, ръмжейки, с присвити уши и присвити очи.
Chaque chien attendait que l'autre montre une faiblesse ou fasse un faux pas.
Всяко куче чакаше другото да покаже слабост или да сгреши.
Pour Buck, la scène semblait étrangement connue et profondément ancrée dans ses souvenirs.
За Бък сцената му се стори зловещо позната и дълбоко запомнена.
Les bois blancs, la terre froide, la bataille au clair de lune.
Белите гори, студената земя, битката под лунна светлина.
Un silence pesant emplissait le pays, profond et contre nature.
Тежка тишина изпълни земята, дълбока и неестествена.
Aucun vent ne soufflait, aucune feuille ne bougeait, aucun bruit ne brisait le silence.
Нито вятър, нито листо помръдна, нито звук наруши тишината.
Le souffle des chiens s'élevait comme de la fumée dans l'air glacial et calme.
Дъхът на кучетата се издигаше като дим в замръзналия, тих въздух.
Le lapin a été depuis longtemps oublié par la meute de bêtes sauvages.
Заекът отдавна беше забравен от глутницата диви зверове.
Ces loups à moitié apprivoisés se tenaient maintenant immobiles dans un large cercle.
Тези полуопитомени вълци сега стояха неподвижно в широк кръг.

Ils étaient silencieux, seuls leurs yeux brillants révélaient leur faim.
Те бяха тихи, само светещите им очи издаваха глада им.
Leur souffle s'éleva, regardant le combat final commencer.
Дъхът им се ускори, докато наблюдаваха началото на финалната битка.
Pour Buck, cette bataille était ancienne et attendue, pas du tout étrange.
За Бък тази битка беше стара и очаквана, никак не странна.
C'était comme un souvenir de quelque chose qui devait arriver depuis toujours.
Чувстваше се като спомен за нещо, което винаги е било предопределено да се случи.
Le Spitz était un chien de combat entraîné, affiné par d'innombrables bagarres sauvages.
Шпицът беше обучено бойно куче, усъвършенствано от безброй диви боеве.
Du Spitzberg au Canada, il a vaincu de nombreux ennemis.
От Шпицберген до Канада той беше овладял много врагове.
Il était rempli de fureur, mais n'a jamais cédé au contrôle de la rage.
Той беше изпълнен с ярост, но никога не се поддаваше на контрол над яростта.
Sa passion était vive, mais toujours tempérée par un instinct dur.
Страстта му беше остра, но винаги смекчена от твърд инстинкт.
Il n'a jamais attaqué jusqu'à ce que sa propre défense soit en place.
Той никога не атакуваше, докато не си осигури собствена защита.
Buck a essayé encore et encore d'atteindre le cou vulnérable de Spitz.
Бък се опитваше отново и отново да достигне уязвимия врат на Шпиц.

Mais chaque coup était accueilli par un coup des dents acérées de Spitz.
Но всеки удар беше посрещан с пронизващ удар от острите зъби на Шпиц.
Leurs crocs se sont heurtés et les deux chiens ont saigné de leurs lèvres déchirées.
Зъбите им се сблъскаха и двете кучета прокървиха от разкъсаните си устни.
Peu importe comment Buck s'est lancé, il n'a pas pu briser la défense.
Колкото и да се нахвърляше Бък, не успяваше да пробие защитата.
Il devint de plus en plus furieux, se précipitant avec des explosions de puissance sauvages.
Той се разяри още повече, нахлувайки с диви изблици на енергия.
À maintes reprises, Buck frappait la gorge blanche du Spitz.
Отново и отново Бък удряше по бялото гърло на Шпиц.
À chaque fois, Spitz esquivait et riposta avec une morsure tranchante.
Всеки път Шпиц се изплъзваше и отвръщаше на удара с режеща хапка.
Buck changea alors de tactique, se précipitant à nouveau comme pour atteindre la gorge.
Тогава Бък смени тактиката, отново се втурвайки сякаш към гърлото.
Mais il s'est retiré au milieu de l'attaque, se tournant pour frapper sur le côté.
Но той се отдръпна по средата на атаката, обръщайки се, за да удари отстрани.
Il a lancé son épaule sur Spitz, dans le but de le faire tomber.
Той хвърли рамо в Шпиц, целяйки да го събори.
À chaque fois qu'il essayait, Spitz esquivait et ripostait avec une frappe.
Всеки път, когато се опитваше, Шпиц се изплъзваше и контраатакуваше с удар.

L'épaule de Buck était à vif alors que Spitz s'écartait après chaque coup.
Рамото на Бък се разболя, докато Шпиц отскачаше след всеки удар.
Spitz n'avait pas été touché, tandis que Buck saignait de nombreuses blessures.
Шпиц не беше докоснат, докато Бък кървеше от многобройните си рани.
La respiration de Buck était rapide et lourde, son corps était couvert de sang.
Бък дишаше учестено и тежко, тялото му беше хлъзгаво от кръв.
Le combat devenait plus brutal à chaque morsure et à chaque charge.
С всяка хапка и атака битката ставаше все по-брутална.
Autour d'eux, soixante chiens silencieux attendaient le premier à tomber.
Около тях шестдесет мълчаливи кучета чакаха първите да паднат.
Si un chien tombait, la meute allait mettre fin au combat.
Ако едно куче падне, глутницата щеше да довърши битката.
Spitz vit Buck faiblir et commença à attaquer.
Шпиц видя, че Бък отслабва, и започна да настоява за атака.
Il a maintenu Buck en déséquilibre, le forçant à lutter pour garder pied.
Той държеше Бък извън равновесие, принуждавайки го да се бори за опора.
Un jour, Buck trébucha et tomba, et tous les chiens se relevèrent.
Веднъж Бък се спъна и падна, а всички кучета се изправиха.
Mais Buck s'est redressé au milieu de sa chute, et tout le monde s'est affalé.
Но Бък се изправи по средата на падането и всички отново потънаха.

Buck avait quelque chose de rare : une imagination née d'un instinct profond.
Бък притежаваше нещо рядко срещано – въображение, родено от дълбок инстинкт.
Il combattait par instinct naturel, mais aussi par ruse.
Той се биеше с естествен инстинкт, но се биеше и с хитрост.
Il chargea à nouveau comme s'il répétait son tour d'attaque à l'épaule.
Той отново се нахвърли в атака, сякаш повтаряше номера си с атака с рамо.
Mais à la dernière seconde, il s'est laissé tomber et a balayé Spitz.
Но в последната секунда той се спусна ниско и профуча под Шпиц.
Ses dents se sont bloquées sur la patte avant gauche de Spitz avec un claquement.
Зъбите му се забиха в предния ляв крак на Шпиц с щракване.
Spitz était maintenant instable, son poids reposant sur seulement trois pattes.
Шпиц сега стоеше нестабилно, тежестта му се крепеше само на три крака.
Buck frappa à nouveau, essaya trois fois de le faire tomber.
Бък удари отново, опита се три пъти да го повали.
À la quatrième tentative, il a utilisé le même mouvement avec succès.
На четвъртия опит той използва същия ход с успех.
Cette fois, Buck a réussi à mordre la jambe droite du Spitz.
Този път Бък успя да захапе десния крак на Шпиц.
Spitz, bien que paralysé et souffrant, continuait à lutter pour survivre.
Шпиц, макар и осакатен и в агония, продължаваше да се бори да оцелее.
Il vit le cercle de huskies se resserrer, la langue tirée, les yeux brillants.

Той видя как кръгът от хъскита се стегна, с изплезени езици и светещи очи.
Ils attendaient de le dévorer, comme ils l'avaient fait pour les autres.
Те чакаха да го погълнат, точно както бяха направили с другите.
Cette fois, il se tenait au centre, vaincu et condamné.
Този път той стоеше в центъра; победен и обречен.
Le chien blanc n'avait désormais plus aucune possibilité de s'échapper.
Сега бялото куче нямаше друг избор да избяга.
Buck n'a montré aucune pitié, car la pitié n'avait pas sa place dans la nature.
Бък не показа милост, защото милостта не беше място за дивата природа.
Buck se déplaçait prudemment, se préparant à la charge finale.
Бък се движеше внимателно, подготвяйки се за последната атака.
Le cercle des huskies se referma ; il sentit leur souffle chaud.
Кръгът от хъскита се затвори; той усети топлите им дъхи.
Ils s'accroupirent, prêts à bondir lorsque le moment viendrait.
Те се приклекнаха ниско, готови да скочат, когато моментът настъпи.
Spitz tremblait dans la neige, grognant et changeant de position.
Шпиц трепереше в снега, ръмжеше и местеше стойката си.
Ses yeux brillaient, ses lèvres se courbaient, ses dents brillaient dans une menace désespérée.
Очите му блестяха, устните му се извиха, зъбите му проблясваха в отчаяна заплаха.
Il tituba, essayant toujours de résister à la morsure froide de la mort.
Той се олюля, все още опитвайки се да сдържи студения ухапване на смъртта.

Il avait déjà vu cela auparavant, mais toujours du côté des gagnants.
Беше виждал това и преди, но винаги от печелившата страна.
Il était désormais du côté des perdants, des vaincus, de la proie, de la mort.
Сега той беше на страната на губещите; победените; плячката; смъртта.
Buck tourna en rond pour porter le coup final, le cercle de chiens se rapprochant.
Бък се завъртя за последния удар, кръгът от кучета се притисна още по-близо.
Il pouvait sentir leur souffle chaud, prêt à tuer.
Той усещаше горещите им дъхове; готови за убийство.
Un silence s'installa ; tout était à sa place ; le temps s'était arrêté.
Настъпи тишина; всичко си беше на мястото; времето беше спряло.
Même l'air froid entre eux se figea un dernier instant.
Дори студеният въздух между тях замръзна за последен миг.
Seul Spitz bougea, essayant de retenir sa fin amère.
Само Шпиц се движеше, опитвайки се да сдържи горчивия си край.
Le cercle des chiens se refermait autour de lui, comme l'était son destin.
Кръгът от кучета се затваряше около него, както и съдбата му.
Il était désespéré maintenant, sachant ce qui allait se passer.
Сега беше отчаян, знаейки какво ще се случи.
Buck bondit, épaule contre épaule une dernière fois.
Бък скочи напред, рамо срещна рамо за последен път.
Les chiens se sont précipités en avant, couvrant Spitz dans l'obscurité neigeuse.
Кучетата се втурнаха напред, покривайки Шпиц в снежния мрак.

Buck regardait, debout, le vainqueur dans un monde sauvage.
Бък наблюдаваше, изправен; победителят в един див свят.
La bête primordiale dominante avait fait sa proie, et c'était bien.
Доминиращият първичен звяр беше направил своето убийство и това беше добре.

Celui qui a gagné la maîtrise
Този, който е спечелил майсторство

« Hein ? Qu'est-ce que j'ai dit ? Je dis vrai quand je dis que Buck est un démon. »
„А? Какво казах? Прав съм, когато казвам, че Бък е дявол."
François a dit cela le lendemain matin après avoir constaté la disparition de Spitz.
Франсоа каза това на следващата сутрин, след като откри, че Шпиц е изчезнал.
Buck se tenait là, couvert de blessures dues au combat acharné.
Бък стоеше там, покрит с рани от ожесточената битка.
François tira Buck près du feu et lui montra les blessures.
Франсоа придърпа Бък близо до огъня и посочи раните.
« Ce Spitz s'est battu comme le Devik », dit Perrault en observant les profondes entailles.
„Този Шпиц се биеше като Девик", каза Перо, оглеждайки дълбоките рани.
« Et ce Buck s'est battu comme deux diables », répondit aussitôt François.
— И че Бък се биеше като два дявола — отвърна веднага Франсоа.
« Maintenant, nous allons faire du bon temps ; plus de Spitz, plus de problèmes. »
„Сега ще се справим добре; край на Шпиц, край на неприятностите."
Perrault préparait le matériel et chargeait le traîneau avec soin.
Перо опаковаше багажа и товареше шейната внимателно.
François a attelé les chiens en prévision de la course du jour.
Франсоа впрегна кучетата, подготвяйки ги за дневното бягане.
Buck a trotté directement vers la position de tête autrefois détenue par Spitz.
Бък се затича право към водещата позиция, която някога заемаше Шпиц.

Mais François, sans s'en apercevoir, conduisit Solleks vers l'avant.
Но Франсоа, без да забелязва, поведе Солекс напред към предната част.
Aux yeux de François, Solleks était désormais le meilleur chien de tête.
Според преценката на Франсоа, Солекс вече беше най-доброто куче-водач.
Buck se jeta sur Solleks avec fureur et le repoussa en signe de protestation.
Бък се нахвърли яростно върху Солекс и го отблъсна в знак на протест.
Il se tenait là où Spitz s'était autrefois tenu, revendiquant la position de leader.
Той застана там, където някога беше стоял Шпиц, претендирайки за водещата позиция.
« Hein ? Hein ? » s'écria François en se frappant les cuisses d'un air amusé.
„А? А?" — извика Франсоа, като се пляскаше развеселено по бедрата.
« Regardez Buck, il a tué Spitz, et maintenant il veut prendre le poste ! »
„Виж Бък — той уби Шпиц, а сега иска да вземе работата!"
« Va-t'en, Chook ! » cria-t-il, essayant de chasser Buck.
„Махай се, Чук!" – извика той, опитвайки се да прогони Бък.
Mais Buck refusa de bouger et resta ferme dans la neige.
Но Бък отказа да помръдне и стоеше здраво в снега.
François attrapa Buck par la peau du cou et le tira sur le côté.
Франсоа сграбчи Бък за яката и го дръпна настрани.
Buck grogna bas et menaçant mais n'attaqua pas.
Бък изръмжа ниско и заплашително, но не атакува.
François a remis Solleks en tête, tentant de régler le différend
Франсоа отново изведе Солекс напред, опитвайки се да разреши спора
Le vieux chien avait peur de Buck et ne voulait pas rester.

Старото куче показа страх от Бък и не искаше да остане.

Quand François lui tourna le dos, Buck chassa à nouveau Solleks.

Когато Франсоа му обърна гръб, Бък отново изгони Солекс.

Solleks n'a pas résisté et s'est discrètement écarté une fois de plus.

Солекс не се съпротивляваше и тихо се отдръпна отново.

François s'est mis en colère et a crié : « Par Dieu, je te répare ! »

Франсоа се ядоса и извика: „За Бога, ще те оправя!"

Il s'approcha de Buck en tenant une lourde massue à la main.

Той се приближи до Бък, държейки тежка тояга в ръка.

Buck se souvenait bien de l'homme au pull rouge.

Бък добре си спомняше мъжа с червения пуловер.

Il recula lentement, observant François, mais grognant profondément.

Той се отдръпна бавно, наблюдавайки Франсоа, но ръмжейки дълбоко.

Il ne s'est pas précipité en arrière, même lorsque Solleks s'est levé à sa place.

Той не се втурна назад, дори когато Солекс застана на негово място.

Buck tourna en rond juste hors de portée, grognant de fureur et de protestation.

Бък се завъртя точно извън обсега им, ръмжейки от ярост и протест.

Il gardait les yeux fixés sur le gourdin, prêt à esquiver si François lançait.

Той не откъсваше очи от стика, готов да се измъкне, ако Франсоа хвърли.

Il était devenu sage et prudent quant aux manières des hommes armés.

Той беше станал мъдър и предпазлив по отношение на оръжейните мъже.

François abandonna et rappela Buck à son ancienne place.

Франсоа се отказа и отново повика Бък на предишното му място.
Mais Buck recula prudemment, refusant d'obéir à l'ordre.
Но Бък отстъпи предпазливо назад, отказвайки да се подчини на заповедта.
François le suivit, mais Buck ne recula que de quelques pas supplémentaires.
Франсоа го последва, но Бък отстъпи само още няколко крачки.
Après un certain temps, François jeta l'arme par frustration.
След известно време Франсоа хвърли оръжието от отчаяние.
Il pensait que Buck craignait d'être battu et qu'il allait venir tranquillement.
Той си помисли, че Бък се страхува от побой и ще дойде тихо.
Mais Buck n'évitait pas la punition : il se battait pour son rang.
Но Бък не избягваше наказанието — той се бореше за ранг.
Il avait gagné la place de chien de tête grâce à un combat à mort.
Той си беше спечелил мястото на куче-водещ чрез битка до смърт.
il n'allait pas se contenter de moins que d'être le leader.
Той нямаше да се задоволи с нищо по-малко от това да бъде лидер.

Perrault a participé à la poursuite pour aider à attraper le Buck rebelle.
Перо се намеси в преследването, за да помогне за залавянето на непокорния Бък.
Ensemble, ils l'ont fait courir dans le camp pendant près d'une heure.
Заедно го разхождаха из лагера близо час.
Ils lui lancèrent des coups de massue, mais Buck les esquiva habilement.

Хвърляха тояги по него, но Бък умело избягваше всяка една от тях.

Ils l'ont maudit, lui, ses ancêtres, ses descendants et chaque cheveu de sa personne.

Те проклеха него, предците му, потомците му и всеки косъм по него.

Mais Buck se contenta de gronder en retour et resta hors de leur portée.

Но Бък само изръмжа в отговор и остана точно извън обсега им.

Il n'a jamais essayé de s'enfuir mais a délibérément tourné autour du camp.

Той никога не се е опитвал да избяга, а умишлено е обикалял лагера.

Il a clairement fait savoir qu'il obéirait une fois qu'ils lui auraient donné ce qu'il voulait.

Той ясно заяви, че ще се подчини, щом му дадат това, което иска.

François s'est finalement assis et s'est gratté la tête avec frustration.

Франсоа най-накрая седна и се почеса по главата отчаяно.

Perrault consulta sa montre, jura et marmonna à propos du temps perdu.

Перо погледна часовника си, изруга и промърмори за изгубеното време.

Une heure s'était déjà écoulée alors qu'ils auraient dû être sur la piste.

Вече беше минал един час, откакто трябваше да са на пътеката.

François haussa les épaules d'un air penaud en direction du coursier, qui soupira de défaite.

Франсоа сви плахо рамене към куриера, който въздъхна победено.

François se dirigea alors vers Solleks et appela Buck une fois de plus.

След това Франсоа отиде до Солекс и отново извика Бък.

Buck rit comme rit un chien, mais garda une distance prudente.
Бък се засмя като кучешки смях, но запази предпазлива дистанция.
François retira le harnais de Solleks et le remit à sa place.
Франсоа свали хамута на Солекс и го върна на мястото му.
L'équipe de traîneau était entièrement harnachée, avec seulement une place libre.
Впрягът с шейни беше напълно впрегнат, като само едно място беше незаето.
La position de tête est restée vide, clairement destinée à Buck seul.
Водещата позиция остана празна, очевидно предназначена само за Бък.
François appela à nouveau, et à nouveau Buck rit et tint bon.
Франсоа извика отново и Бък отново се засмя и удържа позицията си.
« Jetez le gourdin», ordonna Perrault sans hésitation.
„Хвърли тоягата", заповяда Перо без колебание.
François obéit et Buck trotta immédiatement en avant, fièrement.
Франсоа се подчини и Бък веднага гордо тръгна напред.
Il rit triomphalement et prit la tête.
Той се засмя триумфално и зае водещата позиция.
François a sécurisé ses traces et le traîneau a été détaché.
Франсоа закрепи следите си и шейната се откъсна.
Les deux hommes couraient côte à côte tandis que l'équipe s'engageait sur le sentier de la rivière.
И двамата мъже тичаха редом с екипа, който се втурваше по пътеката край реката.
François avait une haute opinion des « deux diables » de Buck,
Франсоа имаше високо мнение за „двамата дяволи" на Бък
mais il s'est vite rendu compte qu'il avait en fait sous-estimé le chien.
но скоро осъзна, че всъщност е подценил кучето.

Buck a rapidement pris le leadership et a fait preuve d'excellence.
Бък бързо пое лидерството и се представи отлично.
En termes de jugement, de réflexion rapide et d'action, Buck a surpassé Spitz.
По преценка, бързо мислене и бързи действия Бък превъзхождаше Шпиц.
François n'avait jamais vu un chien égal à celui que Buck présentait maintenant.
Франсоа никога не беше виждал куче, равностойно на това, което Бък сега демонстрираше.
Mais Buck excellait vraiment dans l'art de faire respecter l'ordre et d'imposer le respect.
Но Бък наистина се отличаваше в налагането на ред и внушаването на уважение.
Dave et Solleks ont accepté le changement sans inquiétude ni protestation.
Дейв и Солекс приеха промяната без притеснение или протест.
Ils se concentraient uniquement sur le travail et tiraient fort sur les rênes.
Те се съсредоточиха само върху работата и здраво дърпаха юздите.
Peu leur importait de savoir qui menait, tant que le traîneau continuait d'avancer.
Малко ги интересуваше кой води, стига шейната да продължаваше да се движи.
Billee, la joyeuse, aurait pu diriger pour autant qu'ils s'en soucient.
Били, веселата, можеше да поведе, колкото и да ги интересуваше.
Ce qui comptait pour eux, c'était la paix et l'ordre dans les rangs.
За тях важни бяха мирът и редът в редиците.

Le reste de l'équipe était devenu indiscipliné pendant le déclin de Spitz.

Останалата част от отбора беше станала непокорна по време на упадъка на Шпиц.
Ils furent choqués lorsque Buck les ramena immédiatement à l'ordre.
Те бяха шокирани, когато Бък веднага ги подреди.
Pike avait toujours été paresseux et traînait les pieds derrière Buck.
Пайк винаги беше мързелив и се беше влачил след Бък.
Mais maintenant, il a été sévèrement discipliné par la nouvelle direction.
Но сега беше строго дисциплиниран от новото ръководство.
Et il a rapidement appris à faire sa part dans l'équipe.
И той бързо се научи да играе важна роля в отбора.
À la fin de la journée, Pike avait travaillé plus dur que jamais.
Към края на деня Пайк работеше по-усърдно от всякога.
Cette nuit-là, au camp, Joe, le chien aigri, fut finalement maîtrisé.
Същата нощ в лагера Джо, киселото куче, най-накрая беше покорен.
Spitz n'avait pas réussi à le discipliner, mais Buck n'avait pas échoué.
Шпиц не успя да го накаже, но Бък не се провали.
Grâce à son poids plus important, Buck a vaincu Joe en quelques secondes.
Използвайки по-голямата си тежест, Бък надви Джо за секунди.
Il a mordu et battu Joe jusqu'à ce qu'il gémisse et cesse de résister.
Той хапеше и удряше Джо, докато той не изскимтя и не спря да се съпротивлява.
Toute l'équipe s'est améliorée à partir de ce moment-là.
Целият отбор се подобри от този момент нататък.
Les chiens ont retrouvé leur ancienne unité et leur discipline.
Кучетата възвърнаха старото си единство и дисциплина.

À Rink Rapids, deux nouveaux huskies indigènes, Teek et Koona, nous ont rejoint.

В Ринк Рапидс се присъединиха две нови местни хъскита, Тийк и Куна.

La rapidité avec laquelle Buck les dressa étonna même François.

Бързото обучение на Бък изуми дори Франсоа.

« Il n'y a jamais eu de chien comme ce Buck ! » s'écria-t-il avec stupéfaction.

„Никога не е имало такова куче като този Бък!" – извика той с удивление.

« Non, jamais ! Il vaut mille dollars, bon sang ! »

„Не, никога! Той струва хиляда долара, за бога!"

« Hein ? Qu'en dis-tu, Perrault ? » demanda-t-il avec fierté.

„А? Какво ще кажеш, Перо?" — попита той с гордост.

Perrault hocha la tête en signe d'accord et vérifia ses notes.

Перо кимна в знак на съгласие и провери бележките си.

Nous sommes déjà en avance sur le calendrier et gagnons chaque jour davantage.

Вече изпреварваме графика и всеки ден печелим повече.

Le sentier était dur et lisse, sans neige fraîche.

Пътеката беше твърда и гладка, без пресен сняг.

Le froid était constant, oscillant autour de cinquante degrés en dessous de zéro.

Студът беше постоянен, като през цялото време се движеше около петдесет градуса под нулата.

Les hommes montaient et couraient à tour de rôle pour se réchauffer et gagner du temps.

Мъжете яздеха и тичаха на свой ред, за да се стоплят и да си намерят време.

Les chiens couraient vite avec peu d'arrêts, poussant toujours vers l'avant.

Кучетата тичаха бързо с малко спирания, винаги натискайки напред.

La rivière Thirty Mile était en grande partie gelée et facile à traverser.

Река Тридесет и миля беше предимно замръзнала и лесна за преминаване.
Ils sont sortis en un jour, ce qui leur avait pris dix jours pour venir.
Те излязоха за един ден, това, което им отне десет дни, за да пристигнат.
Ils ont parcouru une distance de soixante milles du lac Le Barge jusqu'à White Horse.
Те направиха шестдесеткилометров бяг от езерото Льо Барж до Белия кон.
À travers les lacs Marsh, Tagish et Bennett, ils se déplaçaient incroyablement vite.
През езерата Марш, Тагиш и Бенет те се движеха невероятно бързо.
L'homme qui courait était tiré derrière le traîneau par une corde.
Бягащият мъж теглеше шейната по въже.
La dernière nuit de la deuxième semaine, ils sont arrivés à destination.
В последната нощ на втората седмица те стигнаха до местоназначението си.
Ils avaient atteint ensemble le sommet du col White.
Бяха стигнали заедно върха на Белия проход.
Ils sont descendus au niveau de la mer avec les lumières de Skaguay en dessous d'eux.
Те се спуснаха до морското равнище, а светлините на Скагуей бяха под тях.
Il s'agissait d'une course record à travers des kilomètres de nature froide et sauvage.
Това беше рекордно бягане през километри студена пустош.
Pendant quatorze jours d'affilée, ils ont parcouru en moyenne quarante miles.
В продължение на четиринадесет дни те изминаваха средно по четиридесет мили.
À Skaguay, Perrault et François transportaient des marchandises à travers la ville.

В Скагуей Перо и Франсоа превозвали товари през града.
Ils ont été acclamés et ont reçu de nombreuses boissons de la part d'une foule admirative.
Те бяха аплодирани и им предлагани много напитки от възхитената тълпа.
Les chasseurs de chiens et les ouvriers se sont rassemblés autour du célèbre attelage de chiens.
Ловци на кучета и работници се събраха около известния кучешки впряг.
Puis les hors-la-loi de l'Ouest arrivèrent en ville et subirent une violente défaite.
Тогава западни разбойници дойдоха в града и претърпяха жестоко поражение.
Les gens ont vite oublié l'équipe et se sont concentrés sur un nouveau drame.
Хората скоро забравиха отбора и се съсредоточиха върху нова драма.
Puis sont arrivées les nouvelles commandes qui ont tout changé d'un coup.
След това дойдоха новите заповеди, които промениха всичко наведнъж.
François appela Buck à lui et le serra dans ses bras avec une fierté larmoyante.
Франсоа повика Бък при себе си и го прегърна със сълзи на гордост.
Ce moment fut la dernière fois que Buck revit François.
Този момент беше последният път, когато Бък видя Франсоа отново.
Comme beaucoup d'hommes avant eux, François et Perrault étaient tous deux partis.
Както много мъже преди това, и Франсоа, и Перо ги нямаше.
Un métis écossais a pris en charge Buck et ses coéquipiers de chiens de traîneau.
Шотландско куче от смесена порода пое отговорност за Бък и неговите съотборници, впрегатни кучета.

Avec une douzaine d'autres équipes de chiens, ils sont retournés par le sentier jusqu'à Dawson.
С дузина други кучешки впрягове те се върнаха по пътеката към Доусън.
Ce n'était plus une course rapide, juste un travail pénible avec une lourde charge chaque jour.
Вече не беше бързо бягане — просто тежък труд с тежък товар всеки ден.
C'était le train postal qui apportait des nouvelles aux chercheurs d'or près du pôle.
Това беше пощенският влак, който носеше вест на ловците на злато близо до полюса.
Buck n'aimait pas le travail mais le supportait bien, étant fier de ses efforts.
Бък не харесваше работата, но я понасяше добре, гордеейки се с усилията си.
Comme Dave et Solleks, Buck a fait preuve de dévouement dans chaque tâche quotidienne.
Подобно на Дейв и Солекс, Бък показваше всеотдайност към всяка ежедневна задача.
Il s'est assuré que chacun de ses coéquipiers fasse sa part du travail.
Той се увери, че всеки от съотборниците му се справя с тежестта, която му е отредена.
La vie sur les sentiers est devenue ennuyeuse, répétée avec la précision d'une machine.
Животът по пътеките стана скучен, повтарящ се с прецизността на машина.
Chaque jour était le même, un matin se fondant dans le suivant.
Всеки ден се усещаше един и същ, една сутрин се сливаше със следващата.
À la même heure, les cuisiniers se levèrent pour allumer des feux et préparer la nourriture.
В същия час готвачите станаха, за да запалят огньове и да приготвят храна.

Après le petit-déjeuner, certains quittèrent le camp tandis que d'autres attelèrent les chiens.
След закуска някои напуснаха лагера, докато други впрегнаха кучетата.
Ils ont pris la route avant que le faible avertissement de l'aube ne touche le ciel.
Те стигнаха до пътеката, преди смътният лъч на зората да докосне небето.
La nuit, ils s'arrêtaient pour camper, chaque homme ayant une tâche précise.
През нощта те спираха, за да направят лагер, като всеки мъж имаше определена задача.
Certains ont monté les tentes, d'autres ont coupé du bois de chauffage et ramassé des branches de pin.
Някои опънаха палатките, други секоха дърва за огрев и събираха борови клони.
De l'eau ou de la glace étaient ramenées aux cuisiniers pour le repas du soir.
За вечерята на готвачите се носеше вода или лед.
Les chiens ont été nourris et c'était le meilleur moment de la journée pour eux.
Кучетата бяха нахранени и това беше най-хубавата част от деня за тях.
Après avoir mangé du poisson, les chiens se sont détendus et se sont allongés près du feu.
След като ядоха риба, кучетата се отпуснаха и се излежаваха близо до огъня.
Il y avait une centaine d'autres chiens dans le convoi avec lesquels se mêler.
В конвоя имаше още стотина кучета, с които можеше да се смеси.
Beaucoup de ces chiens étaient féroces et prompts à se battre sans prévenir.
Много от тези кучета бяха свирепи и бързи да се бият без предупреждение.
Mais après trois victoires, Buck a maîtrisé même les combattants les plus féroces.

Но след три победи, Бък овладя дори най-свирепите бойци.

Maintenant, quand Buck grogna et montra ses dents, ils s'écartèrent.

Сега, когато Бък изръмжа и показа зъби, те се отдръпнаха.

Mais le plus beau dans tout ça, c'est que Buck aimait s'allonger près du feu de camp vacillant.

Може би най-хубавото от всичко беше, че Бък обичаше да лежи близо до трепкащия лагерен огън.

Il s'accroupit, les pattes arrière repliées et les pattes avant tendues vers l'avant.

Той клекна със свити задни крака и предни, изпънати напред.

Sa tête était levée tandis qu'il cligna doucement des yeux devant les flammes rougeoyantes.

Главата му беше вдигната, докато премигваше тихо към светещите пламъци.

Parfois, il se souvenait de la grande maison du juge Miller à Santa Clara.

Понякога си спомняше голямата къща на съдия Милър в Санта Клара.

Il pensait à la piscine en ciment, à Ysabel et au carlin appelé Toots.

Той си помисли за циментовия басейн, за Изабел и мопса на име Тутс.

Mais le plus souvent, il se souvenait du gourdin de l'homme au pull rouge.

Но по-често си спомняше за мъжа с червения пуловер.

Il se souvenait de la mort de Curly et de sa bataille acharnée contre Spitz.

Той си спомни смъртта на Кърли и ожесточената му битка със Шпиц.

Il se souvenait aussi des bons plats qu'il avait mangés ou dont il rêvait encore.

Той си спомни и хубавата храна, която беше ял или за която все още мечтаеше.

Buck n'avait pas le mal du pays : la vallée chaude était lointaine et irréelle.
Бък не изпитваше носталгия — топлата долина беше далечна и нереална.
Les souvenirs de Californie n'avaient plus vraiment d'influence sur lui.
Спомените за Калифорния вече не го привличаха особено.
Plus forts que la mémoire étaient les instincts profondément ancrés dans sa lignée.
По-силни от паметта бяха инстинктите, дълбоко заложени в кръвта му.
Les habitudes autrefois perdues étaient revenues, ravivées par le sentier et la nature sauvage.
Някога загубените навици се бяха завърнали, съживени от пътеката и дивата природа.
Tandis que Buck regardait la lumière du feu, cela devenait parfois autre chose.
Докато Бък наблюдаваше светлината на огъня, тя понякога се превръщаше в нещо друго.
Il vit à la lueur du feu un autre feu, plus vieux et plus profond que celui-ci.
В светлината на огъня той видя друг огън, по-стар и по-дълбок от сегашния.
À côté de cet autre feu se tenait accroupi un homme qui ne ressemblait pas au cuisinier métis.
До другия огън се беше свил мъж, различен от готвача-мелез.
Cette figurine avait des jambes courtes, de longs bras et des muscles durs et noués.
Тази фигура имаше къси крака, дълги ръце и твърди, стегнати мускули.
Ses cheveux étaient longs et emmêlés, tombant en arrière à partir des yeux.
Косата му беше дълга и сплъстена, спускаща се назад от очите.
Il émit des sons étranges et regarda l'obscurité avec peur.

Той издаваше странни звуци и се взираше уплашено в тъмнината.
Il tenait une massue en pierre basse, fermement serrée dans sa longue main rugueuse.
Той държеше ниско каменна тояга, здраво стисната в дългата му груба ръка.
L'homme portait peu de vêtements ; juste une peau carbonisée qui pendait dans son dos.
Мъжът носеше оскъдно облекло; само обгорена кожа, която висеше по гърба му.
Son corps était couvert de poils épais sur les bras, la poitrine et les cuisses.
Тялото му беше покрито с гъста коса по ръцете, гърдите и бедрата.
Certaines parties des cheveux étaient emmêlées en plaques de fourrure rugueuse.
Някои части от косата бяха преплетени на кичури груба козина.
Il ne se tenait pas droit mais penché en avant des hanches jusqu'aux genoux.
Той не стоеше изправен, а се наведе напред от бедрата до коленете.
Ses pas étaient élastiques et félins, comme s'il était toujours prêt à bondir.
Стъпките му бяха пружиниращи и котешки, сякаш винаги готов да скочи.
Il y avait une vive vigilance, comme s'il vivait dans une peur constante.
Имаше остра бдителност, сякаш живееше в постоянен страх.
Cet homme ancien semblait s'attendre au danger, que le danger soit perçu ou non.
Този древен мъж сякаш очакваше опасност, независимо дали опасността беше видима или не.
Parfois, l'homme poilu dormait près du feu, la tête entre les jambes.

Понякога косматият мъж спеше край огъня, с глава, пъхната между краката.
Ses coudes reposaient sur ses genoux, ses mains jointes au-dessus de sa tête.
Лактите му бяха опряни на коленете, ръцете му бяха скръстени над главата.
Comme un chien, il utilisait ses bras velus pour se débarrasser de la pluie qui tombait.
Като куче той използваше косматите си ръце, за да се отърси от падащия дъжд.
Au-delà de la lumière du feu, Buck vit deux charbons jumeaux briller dans l'obscurité.
Отвъд светлината на огъня Бък видя два жарава, светещи в тъмнината.
Toujours deux par deux, ils étaient les yeux des bêtes de proie traquantes.
Винаги по двама, те бяха очите на дебнещи хищни зверове.
Il entendit des corps s'écraser à travers les broussailles et des bruits se faire entendre dans la nuit.
Той чуваше как тела се разбиват през храстите и звуци, издавани през нощта.
Allongé sur la rive du Yukon, clignant des yeux, Buck rêvait près du feu.
Лежейки на брега на Юкон и примигвайки, Бък сънува край огъня.
Les images et les sons de ce monde sauvage lui faisaient dresser les cheveux sur la tête.
Гледките и звуците на този див свят накараха косата му да настръхне.
La fourrure s'élevait le long de son dos, de ses épaules et de son cou.
Козината се надигаше по гърба му, раменете и нагоре по врата му.
Il gémissait doucement ou émettait un grognement sourd au plus profond de sa poitrine.
Той тихо изскимтя или изръмжа дълбоко в гърдите си.

Alors le cuisinier métis cria : « Hé, toi Buck, réveille-toi ! »
Тогава готвачът-метис извика: „Хей, Бък, събуди се!"
Le monde des rêves a disparu et la vraie vie est revenue aux yeux de Buck.
Светът на сънищата изчезна и истинският живот се завърна в очите на Бък.
Il allait se lever, s'étirer et bâiller, comme s'il venait de se réveiller d'une sieste.
Щеше да стане, да се протегне и да се прозяе, сякаш се е събудил от дрямка.
Le voyage était difficile, avec le traîneau postal qui traînait derrière eux.
Пътуването беше трудно, пощенската шейна се влачеше зад тях.
Les lourdes charges et le travail pénible épuisaient les chiens à chaque longue journée.
Тежките товари и тежката работа изтощаваха кучетата всеки дълъг ден.
Ils arrivèrent à Dawson maigres, fatigués et ayant besoin de plus d'une semaine de repos.
Пристигнаха в Доусън измършавели, уморени и нуждаещи се от повече от седмица почивка.
Mais seulement deux jours plus tard, ils repartaient sur le Yukon.
Но само два дни по-късно те отново тръгнаха по Юкон.
Ils étaient chargés de lettres supplémentaires destinées au monde extérieur.
Те бяха натоварени с още писма, предназначени за външния свят.
Les chiens étaient épuisés et les hommes se plaignaient constamment.
Кучетата бяха изтощени, а мъжете непрекъснато се оплакваха.
La neige tombait tous les jours, ramollissant le sentier et ralentissant les traîneaux.
Сняг валеше всеки ден, омекотявайки пътеката и забавяйки шейните.

Cela a rendu la traction plus difficile et a entraîné plus de traînée sur les patins.
Това доведе до по-трудно дърпане и по-голямо съпротивление на бегачите.
Malgré cela, les pilotes étaient justes et se souciaient de leurs équipes.
Въпреки това, пилотите бяха коректни и се грижеха за отборите си.
Chaque nuit, les chiens étaient nourris avant que les hommes ne puissent manger.
Всяка вечер кучетата били хранени, преди мъжете да се нахранят.
Aucun homme ne dormait avant de vérifier les pattes de son propre chien.
Никой човек не е спал, преди да провери краката на собственото си куче.
Cependant, les chiens s'affaiblissaient à mesure que les kilomètres s'écoulaient sur leur corps.
Въпреки това, кучетата отслабваха с напредването на километрите.
Ils avaient parcouru mille huit cents kilomètres pendant l'hiver.
Бяха изминали хиляда и осемстотин мили през зимата.
Ils ont tiré des traîneaux sur chaque kilomètre de cette distance brutale.
Те теглиха шейни през всяка миля от това брутално разстояние.
Même les chiens de traîneau les plus robustes ressentent de la tension après tant de kilomètres.
Дори най-издръжливите кучета за впряг чувстват напрежение след толкова много километри.
Buck a tenu bon, a permis à son équipe de travailler et a maintenu la discipline.
Бък се държеше, поддържаше екипа си в действие и поддържаше дисциплина.
Mais Buck était fatigué, tout comme les autres pendant le long voyage.

Но Бък беше уморен, точно както останалите по време на дългото пътуване.

Billee gémissait et pleurait dans son sommeil chaque nuit sans faute.

Били хленчеше и плачеше насън всяка нощ без прекъсване.

Joe devint encore plus amer et Solleks resta froid et distant.

Джо се огорчи още повече, а Солекс остана студен и дистанциран.

Mais c'est Dave qui a le plus souffert de toute l'équipe.

Но Дейв пострада най-много от целия екип.

Quelque chose n'allait pas en lui, même si personne ne savait quoi.

Нещо се беше объркало вътре в него, макар че никой не знаеше какво.

Il est devenu de plus en plus maussade et s'en est pris aux autres avec une colère croissante.

Той ставаше по-настроен и се сърдеше на другите с нарастващ гняв.

Chaque nuit, il se rendait directement à son nid, attendant d'être nourri.

Всяка вечер той отиваше директно в гнездото си, чакайки да бъде нахранен.

Une fois tombé, Dave ne s'est pas relevé avant le matin.

След като легна, Дейв не стана до сутринта.

Sur les rênes, des secousses ou des sursauts brusques le faisaient crier de douleur.

При юздите, внезапни потрепвания или стряскания го караха да извика от болка.

Son chauffeur a recherché la cause du sinistre, mais n'a constaté aucune blessure.

Шофьорът му потърси причината, но не откри никакви наранявания по него.

Tous les conducteurs ont commencé à regarder Dave et ont discuté de son cas.

Всички шофьори започнаха да наблюдават Дейв и да обсъждат неговия случай.

Ils ont discuté pendant les repas et pendant leur dernière cigarette de la journée.
Те разговаряха по време на хранене и по време на последната си цигара за деня.
Une nuit, ils ont tenu une réunion et ont amené Dave au feu.
Една вечер те проведоха събрание и доведоха Дейв до огъня.
Ils pressèrent et sondèrent son corps, et il cria souvent.
Те притискаха и сондираха тялото му и той често викаше.
De toute évidence, quelque chose n'allait pas, même si aucun os ne semblait cassé.
Очевидно нещо не беше наред, въпреки че костите не изглеждаха счупени.
Au moment où ils atteignirent Cassiar Bar, Dave était en train de tomber.
Когато стигнаха до бар „Касиар", Дейв вече падаше.
Le métis écossais a appelé à la fin et a retiré Dave de l'équipe.
Шотландският мелез обяви край на отбора и извади Дейв от него.
Il a attaché Solleks à la place de Dave, le plus près de l'avant du traîneau.
Той закрепи Солекс на мястото на Дейв, най-близо до предната част на шейната.
Il avait l'intention de laisser Dave se reposer et courir librement derrière le traîneau en mouvement.
Той възнамеряваше да остави Дейв да си почине и да тича свободно зад движещата се шейна.
Mais même malade, Dave détestait être privé du travail qu'il avait occupé.
Но дори и болен, Дейв мразеше да го отнемат от работата, която беше заемал.
Il grogna et gémit tandis que les rênes étaient retirées de son corps.
Той изръмжа и изскимтя, когато юздите бяха издърпани от тялото му.
Quand il vit Solleks à sa place, il pleura de douleur.

Когато видя Солекс на негово място, той се разплака от съкрушена болка.

La fierté du travail sur les sentiers était profonde chez Dave, même à l'approche de la mort.

Гордостта от работата по пътеките беше дълбока в Дейв, дори когато смъртта наближаваше.

Alors que le traîneau se déplaçait, Dave pataugeait dans la neige molle près du sentier.

Докато шейната се движеше, Дейв се промъкваше през мекия сняг близо до пътеката.

Il a attaqué Solleks, le mordant et le poussant du côté du traîneau.

Той нападна Солекс, хапейки го и бутвайки го от страната на шейната.

Dave a essayé de sauter dans le harnais et de récupérer sa place de travail.

Дейв се опита да скочи в сбруята и да си върне работното място.

Il hurlait, gémissait et pleurait, déchiré entre la douleur et la fierté du travail.

Той викаше, хленчеше и плачеше, разкъсван между болката и гордостта от труда.

Le métis a utilisé son fouet pour essayer de chasser Dave de l'équipe.

Метисът използва камшика си, за да се опита да прогони Дейв от отбора.

Mais Dave ignora le coup de fouet, et l'homme ne put pas le frapper plus fort.

Но Дейв игнорира удара с камшик и мъжът не можа да го удари по-силно.

Dave a refusé le chemin le plus facile derrière le traîneau, où la neige était tassée.

Дейв отказа по-лесния път зад шейната, където беше утъпкан сняг.

Au lieu de cela, il se débattait dans la neige profonde à côté du sentier, dans la misère.

Вместо това, той се мъчеше в дълбокия сняг край пътеката, в мизерия.

Finalement, Dave s'est effondré, allongé dans la neige et hurlant de douleur.

Накрая Дейв се срина, легна в снега и виеше от болка.

Il cria tandis que le long train de traîneaux le dépassait un par un.

Той извика, когато дългата колона от шейни го подмина една по една.

Pourtant, avec ce qu'il lui restait de force, il se leva et trébucha après eux.

Все пак, с останалите сили, той се изправи и се препъна след тях.

Il l'a rattrapé lorsque le train s'est arrêté à nouveau et a retrouvé son vieux traîneau.

Той настигна, когато влакът спря отново, и намери старата си шейна.

Il a dépassé les autres équipes et s'est retrouvé à nouveau aux côtés de Solleks.

Той се промъкна покрай другите отбори и отново застана до Солекс.

Alors que le conducteur s'arrêtait pour allumer sa pipe, Dave saisit sa dernière chance.

Докато шофьорът спираше, за да запали лулата си, Дейв се възползва от последния си шанс.

Lorsque le chauffeur est revenu et a crié, l'équipe n'a pas avancé.

Когато шофьорът се върна и извика, екипът не продължи напред.

Les chiens avaient tourné la tête, déconcertés par l'arrêt soudain.

Кучетата бяха обърнали глави, объркани от внезапното спиране.

Le conducteur était également choqué : le traîneau n'avait pas avancé d'un pouce.

Шофьорът също беше шокиран — шейната не се беше помръднала нито сантиметър напред.

Il a appelé les autres pour qu'ils viennent voir ce qui s'était passé.
Той извика останалите да дойдат и да видят какво се е случило.
Dave avait mâché les rênes de Solleks, les brisant toutes les deux.
Дейв беше прегризал юздите на Солекс, счупвайки и двете.
Il se tenait maintenant devant le traîneau, de retour à sa position légitime.
Сега той стоеше пред шейната, отново на полагащото му се място.
Dave leva les yeux vers le conducteur, le suppliant silencieusement de rester dans les traces.
Дейв погледна нагоре към шофьора, мълчаливо го умолявайки да не се отклонява от пътя.
Le conducteur était perplexe, ne sachant pas quoi faire pour le chien en difficulté.
Шофьорът беше озадачен, несигурен какво да направи с борещото се куче.
Les autres hommes parlaient de chiens qui étaient morts après avoir été emmenés dehors.
Другите мъже говореха за кучета, които бяха умрели, след като бяха изведени навън.
Ils ont parlé de chiens âgés ou blessés dont le cœur se brisait lorsqu'ils étaient abandonnés.
Те разказваха за стари или ранени кучета, чиито сърца се късаха, когато ги оставиха.
Ils ont convenu que c'était une preuve de miséricorde de laisser Dave mourir alors qu'il était encore dans son harnais.
Те се съгласиха, че е милост да оставят Дейв да умре, докато е още в сбруята си.
Il était attaché au traîneau et Dave tirait avec fierté.
Той беше завързан обратно за шейната и Дейв я теглеше с гордост.
Même s'il criait parfois, il travaillait comme si la douleur pouvait être ignorée.

Въпреки че понякога викаше, той работеше така, сякаш болката можеше да бъде игнорирана.

Plus d'une fois, il est tombé et a été traîné avant de se relever.

Неведнъж падаше и беше влачен, преди да се изправи отново.

Un jour, le traîneau l'a écrasé et il a boité à partir de ce moment-là.

Веднъж шейната се преобърна върху него и от този момент нататък той накуцваше.

Il travailla néanmoins jusqu'à ce qu'il atteigne le camp, puis s'allongea près du feu.

Въпреки това той работеше, докато стигна до лагера, а след това легна край огъня.

Le matin, Dave était trop faible pour voyager ou même se tenir debout.

До сутринта Дейв беше твърде слаб, за да пътува или дори да стои изправен.

Au moment de l'attelage, il essaya d'atteindre son conducteur avec un effort tremblant.

В момента, в който се впрягаше, той се опита да стигне до шофьора си с треперещо усилие.

Il se força à se relever, tituba et s'effondra sur le sol enneigé.

Той се насили да се изправи, олюля се и се строполи на заснежената земя.

À l'aide de ses pattes avant, il a traîné son corps vers la zone de harnais.

Използвайки предните си крака, той завлачи тялото си към мястото за впрягане.

Il s'avança, pouce par pouce, vers les chiens de travail.

Той се придвижваше напред, сантиметър по сантиметър, към работещите кучета.

Ses forces l'abandonnèrent, mais il continua d'avancer dans sa dernière poussée désespérée.

Силите му напуснаха, но той продължи да се движи в последния си отчаян тласък.

Ses coéquipiers l'ont vu haleter dans la neige, impatients de les rejoindre.
Съотборниците му го видяха да се задъхва в снега, все още копнеещ да се присъедини към тях.
Ils l'entendirent hurler de tristesse alors qu'ils quittaient le camp.
Чуха го да вие от тъга, когато напускаха лагера.
Alors que l'équipe disparaissait dans les arbres, le cri de Dave résonna derrière eux.
Докато екипът изчезваше сред дърветата, викът на Дейв отекваше зад тях.
Le train de traîneaux s'est brièvement arrêté après avoir traversé un tronçon de forêt fluviale.
Влакчето с шейни спря за кратко, след като прекоси ивица речна гора.
Le métis écossais retourna lentement vers le camp situé derrière lui.
Шотландският мелез бавно се върна към лагера отзад.
Les hommes ont arrêté de parler quand ils l'ont vu quitter le train de traîneaux.
Мъжете млъкнаха, когато го видяха да напуска шейната.
Puis un coup de feu retentit clairement et distinctement de l'autre côté du sentier.
Тогава един-единствен изстрел проехтя ясно и остро по пътеката.
L'homme revint rapidement et reprit sa place sans un mot.
Мъжът се върна бързо и зае мястото си безмълвно.
Les fouets claquaient, les cloches tintaient et les traîneaux roulaient dans la neige.
Камшици пращяха, звънци звъняха и шейните се търкаляха през снега.
Mais Buck savait ce qui s'était passé, et tous les autres chiens aussi.
Но Бък знаеше какво се е случило — както и всяко друго куче.

Le travail des rênes et du sentier
Трудът на юздите и пътеката

Trente jours après avoir quitté Dawson, le Salt Water Mail atteignit Skaguay.
Тридесет дни след като напусна Доусън, пощата на Солената вода пристигна в Скагуей.

Buck et ses coéquipiers ont pris la tête, arrivant dans un état pitoyable.
Бък и съотборниците му поведоха, пристигайки в окаяно състояние.

Buck était passé de cent quarante à cent quinze livres.
Бък беше свалил от сто четиридесет на сто и петнадесет паунда.

Les autres chiens, bien que plus petits, avaient perdu encore plus de poids.
Другите кучета, макар и по-дребни, бяха загубили още повече телесно тегло.

Pike, autrefois un faux boiteux, traînait désormais derrière lui une jambe véritablement blessée.
Пайк, някога фалшив куц, сега влачеше зад себе си наистина контузения си крак.

Solleks boitait beaucoup et Dub avait une omoplate déchirée.
Солекс куцаше силно, а Дъб имаше изкълчена лопатка.

Tous les chiens de l'équipe avaient mal aux pieds après des semaines passées sur le sentier gelé.
Всяко куче в екипа имаше болки в краката от седмиците по замръзналата пътека.

Ils n'avaient plus aucun ressort dans leurs pas, seulement un mouvement lent et traînant.
В стъпките им не остана никаква еластичност, само бавно, влачещо се движение.

Leurs pieds heurtent durement le sentier, chaque pas ajoutant plus de tension à leur corps.
Краката им стъпваха силно по пътеката, всяка стъпка добавяше все повече напрежение към телата им.

Ils n'étaient pas malades, seulement épuisés au-delà de toute guérison naturelle.
Те не бяха болни, а само изтощени до невъзстановимост.
Ce n'était pas la fatigue d'une dure journée, guérie par une nuit de repos.
Това не беше умора от един тежък ден, излекувана с нощна почивка.
C'était un épuisement qui s'était construit lentement au fil de mois d'efforts épuisants.
Това беше изтощение, натрупвано бавно в продължение на месеци на изтощителни усилия.
Il ne leur restait plus aucune force de réserve : ils avaient épuisé toutes leurs forces.
Не им останаха никакви резервни сили — бяха изразходвали всичко, което имаха.
Chaque muscle, chaque fibre et chaque cellule de leur corps étaient épuisés et usés.
Всеки мускул, влакно и клетка в телата им бяха изтощени и износени.
Et il y avait une raison : ils avaient parcouru deux mille cinq cents kilomètres.
И имаше причина — бяха изминали двеста и петстотин мили.
Ils ne s'étaient reposés que cinq jours au cours des mille huit cents derniers kilomètres.
Бяха си починали само пет дни през последните хиляда и осемстотин мили.
Lorsqu'ils arrivèrent à Skaguay, ils semblaient à peine capables de se tenir debout.
Когато стигнаха до Скагуей, те изглеждаха едва способни да стоят прави.
Ils ont lutté pour garder les rênes scrrées et rester devant le traîneau.
Те се мъчеха да държат юздите здраво и да останат пред шейната.
Dans les descentes, ils ont tout juste réussi à éviter d'être écrasés.

По спускащите се склонове те успяваха само да избегнат да бъдат прегазени.
« Continuez, pauvres pieds endoloris », dit le chauffeur tandis qu'ils boitaient.
„Маршвайте напред, горките ви крака с болки в краката", каза шофьорът, докато куцаха напред.
« C'est la dernière ligne droite, après quoi nous aurons tous droit à un long repos, c'est sûr. »
„Това е последният участък, след което всички ще си починем по една дълга почивка, със сигурност."
« Un très long repos », promit-il en les regardant avancer en titubant.
„Една наистина дълга почивка", обеща той, докато ги наблюдаваше как се олюляват напред.
Les pilotes s'attendaient à bénéficier d'une longue pause bien méritée.
Шофьорите очакваха, че сега ще получат дълга и необходима почивка.
Ils avaient parcouru douze cents milles avec seulement deux jours de repos.
Бяха изминали хиляда и двеста мили само с два дни почивка.
Par souci d'équité et de raison, ils estimaient avoir mérité un temps de détente.
Справедливостта и разумът бяха достатъчни, за да смятат, че са си заслужили време за почивка.
Mais trop de gens étaient venus au Klondike et trop peu étaient restés chez eux.
Но твърде много бяха дошли в Клондайк и твърде малко бяха останали вкъщи.
Les lettres des familles ont afflué, créant des piles de courrier en retard.
Писма от семейства заливаха, създавайки купища закъсняла поща.
Les ordres officiels sont arrivés : de nouveaux chiens de la Baie d'Hudson allaient prendre le relais.

Пристигнаха официални заповеди — нови кучета от залива Хъдсън щяха да поемат контрола.

Les chiens épuisés, désormais considérés comme sans valeur, devaient être éliminés.

Изтощените кучета, вече наричани безполезни, трябвало да бъдат унищожени.

Comme l'argent comptait plus que les chiens, ils allaient être vendus à bas prix.

Тъй като парите имаха по-голямо значение от кучетата, те щяха да бъдат продадени евтино.

Trois jours supplémentaires passèrent avant que les chiens ne ressentent à quel point ils étaient faibles.

Минаха още три дни, преди кучетата да усетят колко са слаби.

Le quatrième matin, deux hommes venus des États-Unis ont acheté toute l'équipe.

На четвъртата сутрин двама мъже от Щатите купиха целия отбор.

La vente comprenait tous les chiens, ainsi que leur harnais usagé.

Продажбата включваше всички кучета, плюс износената им екипировка за хамути.

Les hommes s'appelaient mutuellement « Hal » et « Charles » lorsqu'ils concluaient l'affaire.

Мъжете се наричаха един друг „Хал" и „Чарлз", докато сключваха сделката.

Charles était d'âge moyen, pâle, avec des lèvres molles et des pointes de moustache féroces.

Чарлз беше на средна възраст, блед, с отпуснати устни и буйни върхове на мустаци.

Hal était un jeune homme, peut-être âgé de dix-neuf ans, portant une ceinture bourrée de cartouches.

Хал беше млад мъж, може би деветнадесеттодишен, носещ колан с патрони.

La ceinture contenait un gros revolver et un couteau de chasse, tous deux inutilisés.

На колана имаше голям револвер и ловджийски нож, и двата неизползвани.

Cela a montré à quel point il était inexpérimenté et inapte à la vie dans le Nord.

Това показваше колко неопитен и негоден е бил за северния живот.

Aucun des deux hommes n'appartenait à la nature sauvage ; leur présence défiait toute raison.

Нито един от двамата не принадлежеше към дивата природа; присъствието им не се поддаваше на всякакъв разум.

Buck a regardé l'argent échanger des mains entre l'acheteur et l'agent.

Бък наблюдаваше как парите се разменят между купувач и агент.

Il savait que les conducteurs du train postal allaient le quitter comme les autres.

Той знаеше, че машинистите на пощенските влакове напускат живота му като всички останали.

Ils suivirent Perrault et François, désormais irrévocables.

Те последваха Перо и Франсоа, вече изчезнали от паметта им.

Buck et l'équipe ont été conduits dans le camp négligé de leurs nouveaux propriétaires.

Бък и екипът бяха отведени до небрежния лагер на новите им собственици.

La tente s'affaissait, la vaisselle était sale et tout était en désordre.

Палатката беше провиснала, чиниите бяха мръсни и всичко лежеше в безпорядък.

Buck remarqua également une femme : Mercedes, la femme de Charles et la sœur de Hal.

Бък забеляза и жена там — Мерседес, съпругата на Чарлз и сестрата на Хал.

Ils formaient une famille complète, bien que loin d'être adaptée au sentier.

Те бяха пълноценно семейство, макар и далеч неподходящо за пътеката.

Buck regarda nerveusement le trio commencer à emballer les fournitures.

Бък наблюдаваше нервно как триото започва да опакова провизиите.

Ils ont travaillé dur mais sans ordre, juste du grabuge et des efforts gaspillés.

Работеха усилено, но без ред — само суета и пропилени усилия.

La tente a été roulée dans une forme volumineuse, beaucoup trop grande pour le traîneau.

Палатката беше навита в обемиста форма, твърде голяма за шейната.

La vaisselle sale a été emballée sans avoir été nettoyée ni séchée du tout.

Мръсните чинии бяха опаковани, без изобщо да бъдат почистени или подсушени.

Mercedes voltigeait, parlant constamment, corrigeant et intervenant.

Мерседес се суетеше наоколо, непрекъснато говореше, поправяше и се месеше.

Lorsqu'un sac était placé à l'avant, elle insistait pour qu'il soit placé à l'arrière.

Когато отпред сложиха чувал, тя настоя да го сложат и отзад.

Elle a mis le sac au fond, et l'instant d'après, elle en avait besoin.

Тя прибра чувала на дъното и в следващия момент ѝ потрябваше.

Le traîneau a donc été déballé à nouveau pour atteindre le sac spécifique.

И така, шейната беше разопакована отново, за да стигне до една-единствена чанта.

À proximité, trois hommes se tenaient devant une tente, observant la scène se dérouler.

Наблизо трима мъже стояха пред палатка и наблюдаваха разгръщащата се сцена.

Ils souriaient, faisaient des clins d'œil et souriaient à la confusion évidente des nouveaux arrivants.

Те се усмихнаха, намигнаха и се ухилиха на очевидното объркване на новодошлите.

« Vous avez déjà une charge très lourde », dit l'un des hommes.

— Вече имаш доста тежък товар — каза един от мъжете.

« Je ne pense pas que tu devrais porter cette tente, mais c'est ton choix. »

„Не мисля, че трябва да носиш тази палатка, но това е твой избор."

« Inimaginable ! » s'écria Mercedes en levant les mains de désespoir.

„Несъзнаваемо!" – извика Мерседес и вдигна отчаяно ръце.

« Comment pourrais-je voyager sans une tente sous laquelle dormir ? »

„Как бих могъл да пътувам без палатка, под която да спя?"

« C'est le printemps, vous ne verrez plus jamais de froid », répondit l'homme.

„Пролет е — няма да видиш отново студено време", отвърна мъжът.

Mais elle secoua la tête et ils continuèrent à empiler des objets sur le traîneau.

Но тя поклати глава, а те продължиха да трупат предмети върху шейната.

La charge s'élevait dangereusement alors qu'ils ajoutaient les dernières choses.

Товарът се извисяваше опасно високо, докато добавяха последните неща.

« Tu penses que le traîneau va rouler ? » demanda l'un des hommes avec un regard sceptique.

— Мислиш ли, че шейната ще се движи? — попита един от мъжете със скептичен поглед.

« Pourquoi pas ? » rétorqua Charles, vivement agacé.

— Защо не? — отвърна сопнато Чарлз с остро раздразнение.

« Oh, ce n'est pas grave », dit rapidement l'homme, s'éloignant de l'offense.

— О, всичко е наред — каза бързо мъжът, отдръпвайки се от обидата.

« Je me demandais juste – ça me semblait un peu trop lourd. »

„Просто се чудех — на мен ми се стори малко прекалено тежко отгоре."

Charles se détourna et attacha la charge du mieux qu'il put.

Чарлз се обърна и завърза товара, колкото можеше по-добре.

Mais les attaches étaient lâches et l'emballage mal fait dans l'ensemble.

Но въжетата бяха хлабави и опаковането като цяло беше лошо направено.

« Bien sûr, les chiens tireront ça toute la journée », a dit un autre homme avec sarcasme.

„Разбира се, кучетата ще дърпат това цял ден", каза саркастично друг мъж.

« Bien sûr », répondit froidement Hal en saisissant le long mât du traîneau.

— Разбира се — отвърна студено Хал и сграбчи дългия прът за впрягване на шейната.

D'une main sur le poteau, il faisait tournoyer le fouet dans l'autre.

С едната си ръка на пръта, той замахна с камшика в другата.

« Allons-y ! » cria-t-il. « Allez ! » exhortant les chiens à démarrer.

„Хайде да тръгваме!", извика той. „Дръпнете се!", подканяйки кучетата да тръгнат.

Les chiens se sont penchés sur le harnais et ont tendu pendant quelques instants.

Кучетата се наведеха в хамута и се напрягаха няколко мига.

Puis ils s'arrêtèrent, incapables de déplacer d'un pouce le traîneau surchargé.

После спряха, неспособни да помръднат претоварената шейна и сантиметър.

« Ces brutes paresseuses ! » hurla Hal en levant le fouet pour les frapper.

„Мързеливите зверове!" – извика Хал и вдигна камшика, за да ги удари.

Mais Mercedes s'est précipitée et a saisi le fouet des mains de Hal.

Но Мерседес се втурна и грабна камшика от ръцете на Хал.

« Oh, Hal, n'ose pas leur faire de mal », s'écria-t-elle, alarmée.

— О, Хал, не смей да ги нараниш — извика тя разтревожено.

« Promets-moi que tu seras gentil avec eux, sinon je n'irai pas plus loin. »

„Обещай ми, че ще бъдеш мил с тях, иначе няма да направя нито крачка повече."

« Tu ne connais rien aux chiens », lança Hal à sa sœur.

— Ти не разбираш нищо от кучета — сопна се Хал на сестра си.

« Ils sont paresseux, et la seule façon de les déplacer est de les fouetter. »

„Те са мързеливи и единственият начин да ги преместиш е да ги биеш с камшик."

« Demandez à n'importe qui, demandez à l'un de ces hommes là-bas si vous doutez de moi. »

„Попитай когото и да е — попитай някой от онези мъже там, ако се съмняваш в мен."

Mercedes regarda les spectateurs avec des yeux suppliants et pleins de larmes.

Мерседес погледна минувачите с умоляващи, насълзени очи.

Son visage montrait à quel point elle détestait la vue de la douleur.

Лицето ѝ показваше колко дълбоко мрази гледката на каквато и да е болка.

« Ils sont faibles, c'est tout », dit un homme. « Ils sont épuisés. »

„Слаби са, това е всичко", каза един мъж. „Изтощени са."

« Ils ont besoin de repos, ils ont travaillé trop longtemps sans pause. »

„Те имат нужда от почивка — работили са твърде дълго без почивка."

« Que le repos soit maudit », murmura Hal, la lèvre retroussée.

— Проклет да е останалото — промърмори Хал със свита устна.

Mercedes haleta, clairement peinée par ce mot grossier de sa part.

Мерседес ахна, очевидно наранена от грубата дума от негова страна.

Pourtant, elle est restée loyale et a immédiatement défendu son frère.

Въпреки това, тя остана лоялна и веднага защити брат си.

« Ne fais pas attention à cet homme », dit-elle à Hal. « Ce sont nos chiens. »

— Не обръщай внимание на този човек — каза тя на Хал.
— Това са нашите кучета.

« Vous les conduisez comme bon vous semble, faites ce que vous pensez être juste. »

„Караш ги както намериш за добре — прави това, което смяташ за правилно."

Hal leva le fouet et frappa à nouveau les chiens sans pitié.

Хал вдигна камшика и отново удари кучетата безмилостно.

Ils se sont précipités en avant, le corps bas, les pieds poussant dans la neige.

Те се хвърлиха напред, телата им бяха ниско приведени, краката им забиха в снега.

Toutes leurs forces étaient utilisées pour tirer, mais le traîneau ne bougeait pas.

Цялата им сила беше вложена в дърпането, но шейната не се движеше.

Le traîneau est resté coincé, comme une ancre figée dans la neige tassée.

Шейната остана заседнала като котва, замръзнала в утъпкания сняг.

Après un deuxième effort, les chiens s'arrêtèrent à nouveau, haletants.

След втори опит кучетата отново спряха, задъхани тежко.

Hal leva à nouveau le fouet, juste au moment où Mercedes intervenait à nouveau.

Хал вдигна камшика още веднъж, точно когато Мерседес отново се намеси.

Elle tomba à genoux devant Buck et lui serra le cou.

Тя падна на колене пред Бък и го прегърна през врата.

Les larmes lui montèrent aux yeux tandis qu'elle suppliait le chien épuisé.

Сълзи напълниха очите й, докато умоляваше изтощеното куче.

« Pauvres chéris », dit-elle, « pourquoi ne tirez-vous pas plus fort ? »

„Горките ми момичета", каза тя, „защо просто не дърпате по-силно?"

« Si tu tires, tu ne seras pas fouetté comme ça. »

„Ако дърпаш, няма да те бият така."

Buck n'aimait pas Mercedes, mais il était trop fatigué pour lui résister maintenant.

Бък не харесваше Мерседес, но беше твърде уморен, за да й се съпротивлява сега.

Il accepta ses larmes comme une simple partie de cette journée misérable.

Той прие сълзите й просто като още една част от нещастния ден.

L'un des hommes qui regardaient a finalement parlé après avoir retenu sa colère.

Един от наблюдаващите мъже най-накрая проговори, след като сдържа гнева си.

« Je me fiche de ce qui vous arrive, mais ces chiens comptent. »

„Не ме интересува какво ще се случи с вас, хора, но тези кучета са важни."

« Si vous voulez aider, détachez ce traîneau, il est gelé dans la neige. »

„Ако искаш да помогнеш, скъсай шейната — замръзнала е до снега."

« Appuyez fort sur la perche, à droite et à gauche, et brisez le sceau de glace. »

„Натисни силно пръта, надясно и наляво, и счупи ледения печат."

Une troisième tentative a été faite, cette fois-ci suite à la suggestion de l'homme.

Направен е трети опит, този път по предложение на мъжа.

Hal a balancé le traîneau d'un côté à l'autre, libérant les patins.

Хал разклати шейната от едната страна на другата, освобождавайки плъзгачите.

Le traîneau, bien que surchargé et maladroit, a finalement fait un bond en avant.

Шейната, макар и претоварена и тромава, най-накрая се залюля напред.

Buck et les autres tiraient sauvagement, poussés par une tempête de coups de fouet.

Бък и останалите дърпаха бясно, подтиквани от порой от камшични удари.

Une centaine de mètres plus loin, le sentier courbait et descendait en pente dans la rue.

На стотина метра напред пътеката се извиваше и слизаше наклонено към улицата.

Il aurait fallu un conducteur expérimenté pour maintenir le traîneau droit.

Щеше да е нужен умел шофьор, за да държи шейната изправена.

Hal n'était pas habile et le traîneau a basculé en tournant dans le virage.
Хал не беше умел и шейната се преобърна, докато се завърташе зад завоя.
Les sangles lâches ont cédé et la moitié de la charge s'est répandue sur la neige.
Разхлабените въжета се скъсаха и половината товар се изсипа върху снега.
Les chiens ne s'arrêtèrent pas ; le traîneau le plus léger volait sur le côté.
Кучетата не спряха; по-леката шейна полетя настрани.
En colère à cause des mauvais traitements et du lourd fardeau, les chiens couraient plus vite.
Ядосани от малтретирането и тежкото бреме, кучетата хукнаха да бягат по-бързо.
Buck, furieux, s'est mis à courir, suivi par l'équipe.
Бък, разярен, се втурна да бяга, а впрягът го следваше.
Hal a crié « Whoa ! Whoa ! » mais l'équipe ne lui a pas prêté attention.
Хал извика „Уау! Уау!", но екипът не му обърна внимание.
Il a trébuché, est tombé et a été traîné au sol par le harnais.
Той се спъна, падна и беше влачен по земята от сбруята.
Le traîneau renversé l'a heurté tandis que les chiens couraient devant.
Преобърнатата шейна го прегази, докато кучетата препускаха напред.
Le reste des fournitures est dispersé dans la rue animée de Skaguay.
Останалите провизии се разпръснаха по оживената улица на Скагуей.
Des personnes au grand cœur se sont précipitées pour arrêter les chiens et rassembler le matériel.
Добросърдечни хора се втурнаха да спрат кучетата и да съберат екипировката.
Ils ont également donné des conseils, directs et pratiques, aux nouveaux voyageurs.

Те също така дадоха съвети, директни и практични, на новите пътешественици.

« Si vous voulez atteindre Dawson, prenez la moitié du chargement et doublez les chiens. »

„Ако искаш да стигнеш до Доусън, вземи половината товар и удвои кучетата."

Hal, Charles et Mercedes écoutaient, mais sans enthousiasme.

Хал, Чарлз и Мерседес слушаха, макар и не с ентусиазъм.

Ils ont installé leur tente et ont commencé à trier leurs provisions.

Те опънаха палатката си и започнаха да сортират провизиите си.

Des conserves sont sorties, ce qui a fait rire les spectateurs.

Излязоха консервирани продукти, което накара минувачите да се смеят на глас.

« Des conserves sur le sentier ? Tu vas mourir de faim avant qu'elles ne fondent », a dit l'un d'eux.

„Консерви по пътеката? Ще умреш от глад, преди да се разтопят", каза единият.

« Des couvertures d'hôtel ? Tu ferais mieux de toutes les jeter. »

„Хотелски одеяла? По-добре е да ги изхвърлите всичките."

« Laissez tomber la tente aussi, et personne ne fait la vaisselle ici. »

„Зарежи и палатката, и никой няма да мие чинии тук."

« Tu crois que tu voyages dans un train Pullman avec des domestiques à bord ? »

„Мислите, че се возите във влак „Пулман" със слуги на борда?"

Le processus a commencé : chaque objet inutile a été jeté de côté.

Процесът започна — всеки безполезен предмет беше изхвърлен настрани.

Mercedes a pleuré lorsque ses sacs ont été vidés sur le sol enneigé.

Мерседес се разплака, когато багажът ѝ беше изпразнен върху заснежената земя.
Elle sanglotait sur chaque objet jeté, un par un, sans pause.
Тя ридаеше над всеки изхвърлен предмет, един по един, без да спира.
Elle jura de ne plus faire un pas de plus, même pas pendant dix Charles.
Тя се закле да не прави нито крачка повече — дори за десет Чарлза.
Elle a supplié chaque personne à proximité de la laisser garder ses objets précieux.
Тя умоляваше всеки човек наблизо да ѝ позволи да запази ценните си вещи.
Finalement, elle s'essuya les yeux et commença à jeter même les vêtements essentiels.
Накрая тя избърса очите си и започна да хвърля дори най-важните дрехи.
Une fois les siennes terminées, elle commença à vider les provisions des hommes.
Когато приключи със своите, тя започна да изпразва запасите на мъжете.
Comme un tourbillon, elle a déchiré les affaires de Charles et Hal.
Като вихрушка тя разкъса вещите на Чарлз и Хал.
Même si la charge était réduite de moitié, elle était encore bien plus lourde que nécessaire.
Въпреки че товарът беше намален наполовина, той все още беше много по-тежък от необходимото.
Cette nuit-là, Charles et Hal sont sortis et ont acheté six nouveaux chiens.
Същата вечер Чарлз и Хал излязоха и купиха шест нови кучета.
Ces nouveaux chiens ont rejoint les six originaux, plus Teek et Koona.
Тези нови кучета се присъединиха към първоначалните шест, плюс Тийк и Куна.

Ensemble, ils formaient une équipe de quatorze chiens attelés au traîneau.
Заедно те образуваха впряг от четиринадесет кучета, впрегнати в шейната.

Mais les nouveaux chiens n'étaient pas aptes et mal entraînés au travail en traîneau.
Но новите кучета бяха негодни и лошо обучени за работа с шейна.

Trois des chiens étaient des pointeurs à poil court et un était un Terre-Neuve.
Три от кучетата бяха късокосмести пойнтерки, а едно беше нюфаундленд.

Les deux derniers chiens étaient des bâtards sans race ni objectif clairement définis.
Последните две кучета бяха песове без ясна порода или предназначение.

Ils n'ont pas compris le sentier et ne l'ont pas appris rapidement.
Те не разбираха пътеката и не я научиха бързо.

Buck et ses compagnons les regardaient avec mépris et une profonde irritation.
Бък и приятелите му ги наблюдаваха с презрение и дълбоко раздразнение.

Bien que Buck leur ait appris ce qu'il ne fallait pas faire, il ne pouvait pas leur enseigner le devoir.
Въпреки че Бък ги учеше какво да не правят, той не можеше да ги учи на дълг.

Ils n'ont pas bien supporté la vie sur les sentiers ni la traction des rênes et des traîneaux.
Те не понасяха добре тегленето на влачени тегления или тегленето на юзди и шейни.

Seuls les bâtards essayaient de s'adapter, et même eux manquaient d'esprit combatif.
Само мелезите се опитаха да се адаптират, но дори и на тях им липсваше боен дух.

Les autres chiens étaient confus, affaiblis et brisés par leur nouvelle vie.

Другите кучета бяха объркани, отслабени и съсипани от новия си живот.

Les nouveaux chiens étant désemparés et les anciens épuisés, l'espoir était mince.

С новите кучета безпомощни и старите изтощени, надеждата беше слаба.

L'équipe de Buck avait parcouru deux mille cinq cents kilomètres de sentiers difficiles.

Екипът на Бък беше изминал двеста и петстотин мили по суров път.

Pourtant, les deux hommes étaient joyeux et fiers de leur grande équipe de chiens.

Въпреки това двамата мъже бяха весели и горди с големия си кучешки впряг.

Ils pensaient voyager avec style, avec quatorze chiens attelés.

Те си мислеха, че пътуват със стил, с четиринадесет вързани кучета.

Ils avaient vu des traîneaux partir pour Dawson, et d'autres en arriver.

Бяха видели шейни да тръгват за Доусън, а други да пристигат оттам.

Mais ils n'en avaient jamais vu un tiré par quatorze chiens.

Но никога не бяха виждали такова, теглено от четиринадесет кучета.

Il y avait une raison pour laquelle de telles équipes étaient rares dans la nature sauvage de l'Arctique.

Имаше причина подобни екипи да са рядкост в арктическата пустош.

Aucun traîneau ne pouvait transporter suffisamment de nourriture pour nourrir quatorze chiens pendant le voyage.

Никаква шейна не би могла да превози достатъчно храна, за да нахрани четиринадесет кучета за пътуването.

Mais Charles et Hal ne le savaient pas : ils avaient fait le calcul.

Но Чарлз и Хал не знаеха това — те бяха направили сметките.

Ils ont planifié la nourriture : tant par chien, tant de jours, et c'est fait.
Те начертаха храната: толкова на куче, толкова дни, готово.
Mercedes regarda leurs chiffres et hocha la tête comme si cela avait du sens.
Мерседес погледна цифрите им и кимна, сякаш имаше смисъл.
Tout cela lui semblait très simple, du moins sur le papier.
Всичко ѝ се струваше много просто, поне на хартия.

Le lendemain matin, Buck conduisit lentement l'équipe dans la rue enneigée.
На следващата сутрин Бък бавно поведе впряга по заснежената улица.
Il n'y avait aucune énergie ni aucun esprit en lui ou chez les chiens derrière lui.
Нямаше нито енергия, нито дух нито в него, нито в кучетата зад него.
Ils étaient épuisés dès le départ, il n'y avait plus de réserve.
Бяха смъртно уморени от самото начало — нямаше никакъв резерв.
Buck avait déjà effectué quatre voyages entre Salt Water et Dawson.
Бък вече беше направил четири пътувания между Солт Уотър и Доусън.
Maintenant, confronté à nouveau à la même épreuve, il ne ressentait que de l'amertume.
Сега, изправен отново пред същия път, той не чувстваше нищо друго освен горчивина.
Son cœur n'y était pas, ni celui des autres chiens.
Неговото сърце не беше в това, нито пък сърцата на другите кучета.
Les nouveaux chiens étaient timides et les huskies manquaient totalement de confiance.
Новите кучета бяха плахи, а хъскитата им липсваше всякакво доверие.

Buck sentait qu'il ne pouvait pas compter sur ces deux hommes ou sur leur sœur.
Бък усещаше, че не може да разчита на тези двама мъже или на сестра им.

Ils ne savaient rien et ne montraient aucun signe d'apprentissage sur le sentier.
Те не знаеха нищо и не показваха никакви признаци, че се учат по пътеката.

Ils étaient désorganisés et manquaient de tout sens de la discipline.
Те бяха неорганизирани и им липсваше всякакво чувство за дисциплина.

Il leur fallait à chaque fois la moitié de la nuit pour monter un campement bâclé.
Всеки път им отнемаше половин нощ, за да разпънат небрежния лагер.

Et ils passèrent la moitié de la matinée suivante à tâtonner à nouveau avec le traîneau.
И половината от следващата сутрин отново прекараха в игра с шейната.

À midi, ils s'arrêtaient souvent juste pour réparer la charge inégale.
Към обяд те често спираха само за да оправят неравномерния товар.

Certains jours, ils parcouraient moins de dix milles au total.
В някои дни те изминаваха общо по-малко от десет мили.

D'autres jours, ils ne parvenaient pas du tout à quitter le camp.
В други дни изобщо не успяваха да напуснат лагера.

Ils n'ont jamais réussi à couvrir la distance alimentaire prévue.
Те така и не се доближиха до покриването на планираното разстояние за храна.

Comme prévu, ils ont très vite manqué de nourriture pour les chiens.
Както се очакваше, храната за кучетата им свърши много бързо.

Ils ont aggravé la situation en les suralimentant au début.
Те влошиха нещата, като прехранваха в началото.
À chaque ration négligée, la famine se rapprochait.
Това приближаваше глада с всяка небрежна дажба.
Les nouveaux chiens n'avaient pas appris à survivre avec très peu.
Новите кучета не се бяха научили да оцеляват с много малко храна.
Ils mangeaient avec faim, avec un appétit trop grand pour le sentier.
Те ядяха гладно, с апетит, твърде голям за пътеката.
Voyant les chiens s'affaiblir, Hal pensait que la nourriture n'était pas suffisante.
Виждайки как кучетата отслабват, Хал повярва, че храната не е достатъчна.
Il a doublé les rations, rendant l'erreur encore pire.
Той удвои дажбите, с което направи грешката още по-лоша.
Mercedes a aggravé le problème avec ses larmes et ses douces supplications.
Мерседес допълнително задълбочи проблема със сълзи и тихи молби.
Comme elle n'arrivait pas à convaincre Hal, elle nourrissait les chiens en secret.
Когато не успя да убеди Хал, тя тайно нахрани кучетата.
Elle a volé des sacs de poissons et les leur a donnés dans son dos.
Тя открадна от чувалите с риба и им я даде зад гърба му.
Mais ce dont les chiens avaient réellement besoin, ce n'était pas de plus de nourriture, mais de repos.
Но това, от което кучетата наистина се нуждаеха, не беше повече храна, а почивка.
Ils progressaient mal, mais le lourd traîneau continuait à avancer.
Движеха се слабо, но тежката шейна все още се влачеше.
Ce poids à lui seul épuisait chaque jour leurs forces restantes.

Само тази тежест изтощаваше останалите им сили всеки ден.

Puis vint l'étape de la sous-alimentation, les réserves s'épuisant.

След това дойде етапът на недохранване, тъй като запасите свършиха.

Un matin, Hal s'est rendu compte que la moitié de la nourriture pour chien avait déjà disparu.

Една сутрин Хал осъзна, че половината кучешка храна вече е свършила.

Ils n'avaient parcouru qu'un quart de la distance totale du sentier.

Бяха изминали само една четвърт от общото разстояние на пътеката.

On ne pouvait plus acheter de nourriture, quel que soit le prix proposé.

Не можеше да се купи повече храна, независимо каква цена се предлагаше.

Il a réduit les portions des chiens en dessous de la ration quotidienne standard.

Той намали порциите на кучетата под стандартната дневна дажба.

Dans le même temps, il a exigé des voyages plus longs pour compenser la perte.

В същото време той поиска по-дълго пътуване, за да компенсира загубата.

Mercedes et Charles ont soutenu ce plan, mais ont échoué dans son exécution.

Мерседес и Шарл подкрепиха този план, но не успяха да го изпълнят.

Leur lourd traîneau et leur manque de compétences rendaient la progression presque impossible.

Тежката им шейна и липсата на умения правеха напредъка почти невъзможен.

Il était facile de donner moins de nourriture, mais impossible de forcer plus d'efforts.

Беше лесно да се даде по-малко храна, но невъзможно да се наложи да се положат повече усилия.

Ils ne pouvaient pas commencer plus tôt, ni voyager pendant des heures supplémentaires.

Не можеха да започнат рано, нито пък можеха да пътуват за допълнителни часове.

Ils ne savaient pas comment travailler les chiens, ni eux-mêmes d'ailleurs.

Те не знаеха как да работят с кучетата, нито пък със самите себе си, впрочем.

Le premier chien à mourir était Dub, le voleur malchanceux mais travailleur.

Първото куче, което умря, беше Дъб, нещастният, но трудолюбив крадец.

Bien que souvent puni, Dub avait fait sa part sans se plaindre.

Въпреки че често беше наказван, Дъб се справяше с тежестта си без оплаквания.

Son épaule blessée s'est aggravée sans qu'il soit nécessaire de prendre soin de lui et de se reposer.

Контузеното му рамо се влошаваше без грижи или нужда от почивка.

Finalement, Hal a utilisé le revolver pour mettre fin aux souffrances de Dub.

Накрая Хал използва револвера, за да сложи край на страданията на Дъб.

Un dicton courant dit que les chiens normaux meurent à cause des rations de husky.

Една често срещана поговорка гласи, че нормалните кучета умират от дажби на хъски.

Les six nouveaux compagnons de Buck n'avaient que la moitié de la part de nourriture du husky.

Шестимата нови спътници на Бък имаха само половината от храната, която хъскито получаваше.

Le Terre-Neuve est mort en premier, puis les trois braques à poil court.

Нюфаундлендът умря първи, след това трите
късокосмести пойнтерки.
Les deux bâtards résistèrent plus longtemps mais finirent par périr comme les autres.
Двете мелези се задържаха по-дълго, но накрая загинаха като останалите.
À cette époque, toutes les commodités et la douceur du Southland avaient disparu.
По това време всички удобства и нежност на Южната земя бяха изчезнали.
Les trois personnes avaient perdu les dernières traces de leur éducation civilisée.
Тримата души бяха се отървали от последните следи от цивилизованото си възпитание.
Dépouillé de glamour et de romantisme, le voyage dans l'Arctique est devenu brutalement réel.
Лишено от блясък и романтика, арктическото пътуване стана брутално реално.
C'était une réalité trop dure pour leur sens de la virilité et de la féminité.
Това беше реалност, твърде сурова за тяхното чувство за мъжественост и женственост.
Mercedes ne pleurait plus pour les chiens, mais maintenant elle pleurait seulement pour elle-même.
Мерседес вече не плачеше за кучетата, а сега плачеше само за себе си.
Elle passait son temps à pleurer et à se disputer avec Hal et Charles.
Тя прекарваше времето си в плач и кариници с Хал и Чарлз.
Se disputer était la seule chose qu'ils n'étaient jamais trop fatigués de faire.
Караниците бяха единственото нещо, за което никога не се уморяваха.
Leur irritabilité provenait de la misère, grandissait avec elle et la surpassait.

Раздразнителността им идваше от нещастието, нарастваше заедно с него и го надминаваше.

La patience du sentier, connue de ceux qui peinent et souffrent avec bienveillance, n'est jamais venue.

Търпението на пътя, познато на онези, които се трудят и страдат с доброта, никога не дойде.

Cette patience, qui garde la parole douce malgré la douleur, leur était inconnue.

Това търпение, което запазва речта сладка въпреки болката, им беше непознато.

Ils n'avaient aucune trace de patience, aucune force tirée de la souffrance avec grâce.

Те нямаха и следа от търпение, никаква сила, извлечена от страданието с благодат.

Ils étaient raides de douleur : leurs muscles, leurs os et leur cœur étaient douloureux.

Те бяха сковани от болка – боляха ги мускулите, костите и сърцата.

À cause de cela, ils devinrent acerbes et prompts à prononcer des paroles dures.

Поради това те станаха остри на езика си и бързи в грубите думи.

Chaque jour commençait et se terminait par des voix en colère et des plaintes amères.

Всеки ден започваше и завършваше с гневни гласове и горчиви оплаквания.

Charles et Hal se disputaient chaque fois que Mercedes leur en donnait l'occasion.

Чарлз и Хал се караха всеки път, когато Мерцедес им даваше шанс.

Chaque homme estimait avoir fait plus que sa juste part du travail.

Всеки мъж вярваше, че е свършил повече от полагащия му се дял от работата.

Aucun des deux n'a jamais manqué une occasion de le dire, encore et encore.

Нито един от двамата не пропускаше възможност да го каже, отново и отново.

Parfois, Mercedes se rangeait du côté de Charles, parfois du côté de Hal.

Понякога Мерседес заставаше на страната на Чарлз, понякога на Хал.

Cela a conduit à une grande et interminable querelle entre les trois.

Това доведе до голяма и безкрайна кавга между тримата.

Une dispute sur la question de savoir qui devait couper le bois de chauffage est devenue incontrôlable.

Спорът за това кой трябва да цепи дърва за огрев излезе извън контрол.

Bientôt, les pères, les mères, les cousins et les parents décédés ont été nommés.

Скоро бяха посочени имената на бащи, майки, братовчеди и починали роднини.

Les opinions de Hal sur l'art ou les pièces de son oncle sont devenues partie intégrante du combat.

Възгледите на Хал за изкуството или пиесите на чичо му станаха част от борбата.

Les convictions politiques de Charles sont également entrées dans le débat.

Политическите убеждения на Чарлз също бяха включени в дебата.

Pour Mercedes, même les ragots de la sœur de son mari semblaient pertinents.

За Мерседес дори клюките на сестрата на съпруга ѝ изглеждаха уместни.

Elle a exprimé son opinion sur ce sujet et sur de nombreux défauts de la famille de Charles.

Тя изрази мнение по този въпрос, както и по много от недостатъците на семейството на Чарлз.

Pendant qu'ils se disputaient, le feu restait éteint et le camp à moitié monté.

Докато спореха, огънят остана незапален, а лагерът наполовина изгорен.

Pendant ce temps, les chiens restaient froids et sans nourriture.
Междувременно кучетата останаха премръзнали и без никаква храна.
Mercedes avait un grief qu'elle considérait comme profondément personnel.
Мерседес таеше оплакване, което смяташе за дълбоко лично.
Elle se sentait maltraitée en tant que femme, privée de ses doux privilèges.
Тя се чувстваше малтретирана като жена, лишена от привилегиите си за благородни качества.
Elle était jolie et douce, et habituée à la chevalerie toute sa vie.
Тя беше красива и нежна и свикнала с рицарство през целия си живот.
Mais son mari et son frère la traitaient désormais avec impatience.
Но съпругът ѝ и брат ѝ сега се отнасяха с нетърпение към нея.
Elle avait pour habitude d'agir comme si elle était impuissante, et ils commencèrent à se plaindre.
Тя имаше навик да се държи безпомощно и те започнаха да се оплакват.
Offensée par cela, elle leur rendit la vie encore plus difficile.
Обидена от това, тя направи живота им още по-труден.
Elle a ignoré les chiens et a insisté pour conduire elle-même le traîneau.
Тя игнорира кучетата и настоя сама да се качи на шейната.
Bien que légère en apparence, elle pesait cent vingt livres.
Въпреки че изглеждаше лека, тя тежеше сто и двадесет килограма.
Ce fardeau supplémentaire était trop lourd pour les chiens affamés et faibles.
Това допълнително бреме беше твърде голямо за гладуващите, слаби кучета.

Elle a continué à monter pendant des jours, jusqu'à ce que les chiens s'effondrent sous les rênes.
Въпреки това тя яздеше дни наред, докато кучетата не се сринаха под юздите.
Le traîneau s'arrêta et Charles et Hal la supplièrent de marcher.
Шейната спря неподвижно, а Чарлз и Хал я помолиха да върви пеша.
Ils la supplièrent et la supplièrent, mais elle pleura et les traita de cruels.
Те я умоляваха и молеха, но тя плачеше и ги наричаше жестоки.
À une occasion, ils l'ont tirée du traîneau avec force et colère.
Веднъж те я издърпали от шейната с чиста сила и гняв.
Ils n'ont plus jamais essayé après ce qui s'est passé cette fois-là.
Те никога повече не опитаха след случилото се тогава.
Elle devint molle comme un enfant gâté et s'assit dans la neige.
Тя се отпусна като разглезено дете и седна в снега.
Ils continuèrent leur chemin, mais elle refusa de se lever ou de les suivre.
Те продължиха, но тя отказа да стане или да ги последва.
Après trois milles, ils s'arrêtèrent, revinrent et la ramenèrent.
След три мили те спряха, върнаха се и я отнесоха обратно.
Ils l'ont rechargée sur le traîneau, en utilisant encore une fois la force brute.
Те я претовариха на шейната, отново използвайки груба сила.
Dans leur profonde misère, ils étaient insensibles à la souffrance des chiens.
В дълбоката си мизерия те бяха безчувствени към страданието на кучетата.
Hal croyait qu'il fallait s'endurcir et il a imposé cette croyance aux autres.
Хал вярваше, че човек трябва да се закоравее и налагаше това убеждение на другите.

Il a d'abord essayé de prêcher sa philosophie à sa sœur
Първоначално се опитал да проповядва философията си на сестра си
et puis, sans succès, il prêcha à son beau-frère.
и след това, без успех, той проповядвал на зет си.
Il a eu plus de succès avec les chiens, mais seulement parce qu'il leur a fait du mal.
Той имаше по-голям успех с кучетата, но само защото ги нараняваше.
Chez Five Fingers, la nourriture pour chiens est complètement épuisée.
Във Five Fingers храната за кучета свърши напълно.
Une vieille squaw édentée a vendu quelques kilos de peau de cheval congelée
Една беззъба стара индианка продаде няколко килограма замразена конска кожа
Hal a échangé son revolver contre la peau de cheval séchée.
Хал размени револвера си за изсушената конска кожа.
La viande provenait de chevaux affamés d'éleveurs de bétail des mois auparavant.
Месото беше дошло от гладни коне на говедари месеци по-рано.
Gelée, la peau était comme du fer galvanisé ; dure et immangeable.
Замръзнала, кожата беше като поцинковано желязо; жилава и негодна за консумация.
Les chiens devaient mâcher la peau sans fin pour la manger.
Кучетата трябваше безкрайно да дъвчат кожата, за да я изядат.
Mais les cordes en cuir et les cheveux courts n'étaient guère une nourriture.
Но кожестите кичури и късата коса едва ли бяха храна.
La majeure partie de la peau était irritante et ne constituait pas véritablement de la nourriture.
По-голямата част от кожата беше дразнеща и не беше храна в истинския смисъл на думата.

Et pendant tout ce temps, Buck titubait en tête, comme dans un cauchemar.
И през всичко това Бък се олюляваше отпред, като в кошмар.
Il tirait quand il le pouvait ; quand il ne le pouvait pas, il restait allongé jusqu'à ce qu'un fouet ou un gourdin le relève.
Дърпаше, когато можеше; когато не можеше, лежеше, докато камшик или тояга не го повдигнат.
Son pelage fin et brillant avait perdu toute sa rigidité et son éclat d'autrefois.
Фината му, лъскава козина беше загубила всякаква твърдост и блясък, които някога имаше.
Ses cheveux pendaient, mous, en bataille et coagulés par le sang séché des coups.
Косата му висеше отпусната, разрошена и съсирена от засъхнала кръв от ударите.
Ses muscles se sont réduits à l'état de cordes et ses coussinets de chair étaient tous usés.
Мускулите му се свиха на жила, а плътта му беше износена.
Chaque côte, chaque os apparaissait clairement à travers les plis de la peau ridée.
Всяко ребро, всяка кост се виждаше ясно през гънките на набръчкана кожа.
C'était déchirant, mais le cœur de Buck ne pouvait pas se briser.
Беше сърцераздирателно, но сърцето на Бък не можеше да се разбие.
L'homme au pull rouge avait testé cela et l'avait prouvé il y a longtemps.
Мъжът с червения пуловер го беше изпробвал и доказал отдавна.
Comme ce fut le cas pour Buck, ce fut le cas pour tous ses coéquipiers restants.
Както беше с Бък, така беше и с всичките му останали съотборници.

Il y en avait sept au total, chacun étant un squelette ambulant de misère.
Бяха общо седем, всеки един от които беше ходещ скелет на мизерия.
Ils étaient devenus insensibles au fouet, ne ressentant qu'une douleur lointaine.
Бяха изтръпнали от удари с камшик, усещайки само далечна болка.
Même la vue et le son leur parvenaient faiblement, comme à travers un épais brouillard.
Дори зрението и звукът достигаха до тях слабо, сякаш през гъста мъгла.
Ils n'étaient pas à moitié vivants : c'étaient des os avec de faibles étincelles à l'intérieur.
Те не бяха полуживи — бяха кости с бледи искри вътре.
Lorsqu'ils s'arrêtèrent, ils s'effondrèrent comme des cadavres, leurs étincelles presque éteintes.
Когато бяха спрени, те се сринаха като трупове, искрите им почти изчезнаха.
Et lorsque le fouet ou le gourdin frappaient à nouveau, les étincelles voltigeaient faiblement.
И когато камшикът или тоягата удариха отново, искрите прехвърчаха слабо.
Puis ils se levèrent, titubèrent en avant et traînèrent leurs membres en avant.
След това се изправиха, залитнаха напред и завлякоха крайниците си напред.
Un jour, le gentil Billee tomba et ne put plus se relever du tout.
Един ден добрият Били падна и вече изобщо не можеше да се изправи.
Hal avait échangé son revolver, alors il a utilisé une hache pour tuer Billee à la place.
Хал беше разменил револвера си, затова вместо това уби Били с брадва.
Il le frappa à la tête, puis lui coupa le corps et le traîna.

Той го удари по главата, след което разряза тялото му и го завляко.

Buck vit cela, et les autres aussi ; ils savaient que la mort était proche.

Бък видя това, както и останалите; те знаеха, че смъртта е близо.

Le lendemain, Koona partit, ne laissant que cinq chiens dans l'équipe affamée.

На следващия ден Куна си тръгна, оставяйки само пет кучета в гладуващия впряг.

Joe, qui n'était plus méchant, était trop loin pour se rendre compte de quoi que ce soit.

Джо, вече не злобен, беше твърде напреднал, за да осъзнава каквото и да било.

Pike, ne faisant plus semblant d'être blessé, était à peine conscient.

Пайк, вече не преструвайки се на ранения си, едва беше в съзнание.

Solleks, toujours fidèle, se lamentait de ne plus avoir de force à donner.

Солекс, все още верен, скърбеше, че няма сила, която да даде.

Teek a été le plus battu parce qu'il était plus frais, mais qu'il s'estompait rapidement.

Тийк беше най-победен, защото беше по-свеж, но бързо отслабваше.

Et Buck, toujours en tête, ne maintenait plus l'ordre ni ne le faisait respecter.

И Бък, все още начело, вече не поддържаше реда, нито го налагаше.

À moitié aveugle à cause de sa faiblesse, Buck suivit la piste au toucher seul.

Полусляп от слабост, Бък следваше следата единствено по навик.

C'était un beau temps printanier, mais aucun d'entre eux ne l'a remarqué.

Беше прекрасно пролетно време, но никой от тях не го забеляза.
Chaque jour, le soleil se levait plus tôt et se couchait plus tard qu'avant.
Всеки ден слънцето изгряваше по-рано и залязваше по-късно от преди.
À trois heures du matin, l'aube était arrivée ; le crépuscule durait jusqu'à neuf heures.
Към три часа сутринта се зазори; здрачът продължи до девет.
Les longues journées étaient remplies du plein soleil printanier.
Дългите дни бяха изпълнени с ярката пролетна слънчева светлина.
Le silence fantomatique de l'hiver s'était transformé en un murmure chaleureux.
Призрачната тишина на зимата се беше превърнала в топъл шепот.
Toute la terre s'éveillait, animée par la joie des êtres vivants.
Цялата земя се пробуждаше, оживяваше от радостта на живите същества.
Le bruit provenait de ce qui était resté mort et immobile pendant l'hiver.
Звукът идваше от нещо, което беше лежало мъртво и неподвижно през зимата.
Maintenant, ces choses bougeaient à nouveau, secouant le long sommeil de gel.
Сега тези неща се раздвижиха отново, отърсвайки се от дългия мразовит сън.
La sève montait à travers les troncs sombres des pins en attente.
Сок се издигаше през тъмните стволове на чакащите борове.
Les saules et les trembles font apparaître de jeunes bourgeons brillants sur chaque brindille.
Върби и трепетлики пускат ярки млади пъпки на всяка клонка.

Les arbustes et les vignes se parent d'un vert frais tandis que les bois prennent vie.
Храсти и лози се раззелениха, докато горите оживяваха.
Les grillons chantaient la nuit et les insectes rampaient au soleil.
Щурци цвърчаха през нощта, а буболечки пълзяха под дневната светлина.
Les perdrix résonnaient et les pics frappaient profondément dans les arbres.
Яребици бучаха, а кълвачи чукаха дълбоко в дърветата.
Les écureuils bavardaient, les oiseaux chantaient et les oies klaxonnaient au-dessus des chiens.
Катерици бъбреха, птици пееха, а гъски клатушкаха над кучетата.
Les oiseaux sauvages arrivaient en groupes serrés, volant vers le haut depuis le sud.
Дивите птици идваха на остри клинове, прелитайки от юг.
De chaque colline venait la musique des ruisseaux cachés et impétueux.
От всеки хълм се чуваше музиката на скрити, бързеещи потоци.
Toutes choses ont dégelé et se sont brisées, se sont pliées et ont repris leur mouvement.
Всичко се размрази, счупи се, огъна се и отново се задвижи.
Le Yukon s'efforçait de briser les chaînes de froid de la glace gelée.
Юкон се напрягаше да разкъса студените вериги от замръзнал лед.
La glace fondait en dessous, tandis que le soleil la faisait fondre par le dessus.
Ледът се топеше отдолу, докато слънцето го топеше отгоре.
Des trous d'aération se sont ouverts, des fissures se sont propagées et des morceaux sont tombés dans la rivière.
Отвориха се въздушни отвори, пукнатини се разпространиха и парчета паднаха в реката.

Au milieu de toute cette vie débordante et flamboyante, les voyageurs titubaient.
Сред целия този кипящ и пламтящ живот, пътниците се олюляваха.
Deux hommes, une femme et une meute de huskies marchaient comme des morts.
Двама мъже, една жена и глутница хъскита вървяха като мъртви.
Les chiens tombaient, Mercedes pleurait, mais continuait à conduire le traîneau.
Кучетата падаха, Мерседес плачеше, но все пак яздеше шейната.
Hal jura faiblement et Charles cligna des yeux à travers ses yeux larmoyants.
Хал изруга слабо, а Чарлз премигна през насълзени очи.
Ils tombèrent sur le camp de John Thornton à l'embouchure de la rivière White.
Те се натъкнаха на лагера на Джон Торнтън край устието на Бялата река.
Lorsqu'ils s'arrêtèrent, les chiens s'effondrèrent, comme s'ils étaient tous morts.
Когато спряха, кучетата се отпуснаха по пода, сякаш всички бяха поразени мъртви.
Mercedes essuya ses larmes et regarda John Thornton.
Мерседес избърса сълзите си и погледна към Джон Торнтън.
Charles s'assit sur une bûche, lentement et raidement, souffrant du sentier.
Чарлз седеше на един дънер, бавно и сковано, болен от пътеката.
Hal parlait pendant que Thornton sculptait l'extrémité d'un manche de hache.
Хал говореше, докато Торнтън издълбаваше края на дръжката на брадва.
Il taillait du bois de bouleau et répondait par des réponses brèves et fermes.

Той цепеше брезова дървесина и отговаряше с кратки, твърди отговори.

Lorsqu'on lui a demandé son avis, il a donné des conseils, certain qu'ils ne seraient pas suivis.

Когато го попитаха, той даде съвет, сигурен, че няма да бъде последван.

Hal a expliqué : « Ils nous ont dit que la glace du sentier disparaissait. »

Хал обясни: „Казаха ни, че ледът на пътеката се топи."

« Ils ont dit que nous devions rester sur place, mais nous sommes arrivés à White River. »

„Казаха, че трябва да си останем тук, но стигнахме до Уайт Ривър."

Il a terminé sur un ton moqueur, comme pour crier victoire dans les difficultés.

Той завърши с подигравателен тон, сякаш претендираше за победа в трудностите.

« Et ils t'ont dit la vérité », répondit doucement John Thornton à Hal.

— И те ти казаха истината — тихо отговори Джон Торнтън на Хал.

« La glace peut céder à tout moment, elle est prête à tomber. »

„Ледът може да се счупи всеки момент — готов е да се разпадне."

« Seuls un peu de chance et des imbéciles ont pu arriver jusqu'ici en vie. »

„Само сляп късмет и глупаци биха могли да стигнат дотук живи."

« Je vous le dis franchement, je ne risquerais pas ma vie pour tout l'or de l'Alaska. »

„Казвам ти директно, не бих рискувал живота си за цялото злато на Аляска."

« C'est parce que tu n'es pas un imbécile, je suppose », répondit Hal.

— Предполагам, че е защото не си глупак — отвърна Хал.

« Tout de même, nous irons à Dawson. » Il déroula son fouet.

— Все пак ще продължим към Доусън. — Той размота камшика си.

« Monte là-haut, Buck ! Salut ! Debout ! Vas-y ! » cria-t-il durement.

„Качвай се горе, Бък! Здравей! Ставай! Хайде!" – извика той грубо.

Thornton continuait à tailler, sachant que les imbéciles n'entendraient pas la raison.

Торнтън продължи да резбострува, знаейки, че глупаците не искат да чуят разум.

Arrêter un imbécile était futile, et deux ou trois imbéciles ne changeaient rien.

Да спреш един глупак беше безполезно — а двама или трима заблудени не променяха нищо.

Mais l'équipe n'a pas bougé au son de l'ordre de Hal.

Но екипът не помръдна при звука на командата на Хал.

Désormais, seuls les coups pouvaient les faire se relever et avancer.

Досега само удари можеха да ги накарат да се изправят и да продължат напред.

Le fouet claquait encore et encore sur les chiens affaiblis.

Камшикът щракаше отново и отново по отслабените кучета.

John Thornton serra fermement ses lèvres et regarda en silence.

Джон Торнтън стисна здраво устни и наблюдаваше мълчаливо.

Solleks fut le premier à se relever sous le fouet.

Солекс пръв се изправи на крака под камшика.

Puis Teek le suivit, tremblant. Joe poussa un cri en se relevant.

После Тийк го последва, треперещ. Джо извика, докато се изправяше на крака.

Pike a essayé de se relever, a échoué deux fois, puis est finalement resté debout, chancelant.

Пайк се опита да се изправи, не успя два пъти и най-накрая се изправи нестабилно.

Mais Buck resta là où il était tombé, sans bouger du tout cette fois.

Но Бък лежеше там, където беше паднал, този път изобщо не помръдвайки.

Le fouet le frappait à plusieurs reprises, mais il ne faisait aucun bruit.

Камшикът го удряше отново и отново, но той не издаде никакъв звук.

Il n'a pas bronché ni résisté, il est simplement resté immobile et silencieux.

Той не трепна, нито се съпротивляваше, просто остана неподвижен и мълчалив.

Thornton remua plus d'une fois, comme pour parler, mais ne le fit pas.

Торнтън се размърда няколко пъти, сякаш да проговори, но не го направи.

Ses yeux s'humidifièrent, et le fouet continuait à claquer contre Buck.

Очите му се намокриха, а камшикът продължаваше да пляска по Бък.

Finalement, Thornton commença à marcher lentement, ne sachant pas quoi faire.

Най-накрая Торнтън започна бавно да крачи, несигурен какво да прави.

C'était la première fois que Buck échouait, et Hal devint furieux.

Това беше първият път, когато Бък се провали, и Хал се вбеси.

Il a jeté le fouet et a pris la lourde massue à la place.

Той хвърли камшика и вместо това взе тежката тояга.

Le gourdin en bois s'abattit violemment, mais Buck ne se releva toujours pas pour bouger.

Дървената тояга се стовари силно, но Бък все още не се изправи, за да помръдне.

Comme ses coéquipiers, il était trop faible, mais plus que cela.
Подобно на съотборниците си, той беше твърде слаб - но нещо повече от това.
Buck avait décidé de ne pas bouger, quoi qu'il arrive.
Бък беше решил да не помръдва, независимо какво щеше да се случи по-нататък.
Il sentait quelque chose de sombre et de certain planer juste devant lui.
Той усети нещо тъмно и сигурно да се носи точно пред него.
Cette peur l'avait saisi dès qu'il avait atteint la rive du fleuve.
Този ужас го обзе веднага щом стигна брега на реката.
Cette sensation ne l'avait pas quitté depuis qu'il sentait la glace s'amincir sous ses pattes.
Чувството не го беше напускало, откакто усети как ледът под лапите му е тънък.
Quelque chose de terrible l'attendait – il le sentait juste au bout du sentier.
Нещо ужасно го чакаше — той го усещаше чак по пътеката.
Il n'allait pas marcher vers cette terrible chose devant lui.
Той нямаше да върви към това ужасно нещо напред.
Il n'allait pas obéir à un quelconque ordre qui le conduirait à cette chose.
Той нямаше да се подчини на никаква заповед, която да го доведе до това нещо.
La douleur des coups ne l'atteignait plus guère, il était trop loin.
Болката от ударите почти не го докосваше сега — беше твърде изтощен.
L'étincelle de vie vacillait faiblement, s'affaiblissant sous chaque coup cruel.
Искрата на живота трептеше слабо, приглушена под всеки жесток удар.

Ses membres semblaient lointains ; tout son corps semblait appartenir à un autre.
Крайниците му се усещаха далечни; цялото му тяло сякаш принадлежеше на друг.
Il ressentit un étrange engourdissement alors que la douleur disparaissait complètement.
Той почувства странно изтръпване, когато болката отшумя напълно.
De loin, il sentait qu'il était battu, mais il le savait à peine.
Отдалеч усещаше, че го бият, но едва го осъзнаваше.
Il pouvait entendre les coups sourds faiblement, mais ils ne faisaient plus vraiment mal.
Той чуваше едва доловимите удари, но те вече не го боляха истински.
Les coups ont porté, mais son corps ne semblait plus être le sien.
Ударите се усещаха, но тялото му вече не изглеждаше като негово собствено.
Puis, soudain, sans prévenir, John Thornton poussa un cri sauvage.
Тогава изведнъж, без предупреждение, Джон Торнтън нададе див вик.
C'était inarticulé, plus le cri d'une bête que celui d'un homme.
Беше нечленоразделен, по-скоро вик на звяр, отколкото на човек.
Il sauta sur l'homme avec la massue et renversa Hal en arrière.
Той скочи върху мъжа с тоягата и събори Хал назад.
Hal vola comme s'il avait été frappé par un arbre, atterrissant durement sur le sol.
Хал полетя сякаш ударен от дърво, и се приземи тежко на земята.
Mercedes a crié de panique et s'est agrippée au visage.
Мерседес изкрещя панически и се хвана за лицето си.
Charles se contenta de regarder, s'essuya les yeux et resta assis.

Чарлз само наблюдаваше, избърса очите си и остана седнал.
Son corps était trop raide à cause de la douleur pour se lever ou aider au combat.
Тялото му беше твърде сковано от болка, за да се изправи или да помогне в битката.
Thornton se tenait au-dessus de Buck, tremblant de fureur, incapable de parler.
Торнтън стоеше над Бък, треперещ от ярост, неспособен да проговори.
Il tremblait de rage et luttait pour trouver sa voix à travers elle.
Той трепереше от ярост и се мъчеше да намери гласа си през нея.
« Si tu frappes encore ce chien, je te tue », dit-il finalement.
„Ако удариш това куче още веднъж, ще те убия", каза той най-накрая.
Hal essuya le sang de sa bouche et s'avança à nouveau.
Хал избърса кръвта от устата си и отново пристъпи напред.
« C'est mon chien », murmura-t-il. « Dégage, ou je te répare. »
— Кучето ми е — промърмори той. — Махни се от пътя, или ще те оправя.
« Je vais à Dawson, et vous ne m'en empêcherez pas », a-t-il ajouté.
„Отивам в Доусън и ти няма да ме спреш", добави той.
Thornton se tenait fermement entre Buck et le jeune homme en colère.
Торнтън стоеше твърдо между Бък и ядосания млад мъж.
Il n'avait aucune intention de s'écarter ou de laisser passer Hal.
Нямаше намерение да се отдръпне или да пропусне Хал.
Hal sortit son couteau de chasse, long et dangereux à la main.
Хал извади ловния си нож, дълъг и опасен в ръката си.

Mercedes a crié, puis pleuré, puis ri dans une hystérie sauvage.

Мерседес крещеше, после плака, после се смееше диво истерично.

Thornton frappa la main de Hal avec le manche de sa hache, fort et vite.

Торнтън удари ръката на Хал с дръжката на брадвата си, силно и бързо.

Le couteau s'est détaché de la main de Hal et a volé au sol.

Ножът се изхвърча от хватката на Хал и полетя на земята.

Hal essaya de ramasser le couteau, et Thornton frappa à nouveau ses jointures.

Хал се опита да вдигне ножа, а Торнтън отново почука по кокалчетата на пръстите си.

Thornton se baissa alors, attrapa le couteau et le tint.

Тогава Торнтън се наведе, грабна ножа и го задържа.

D'un coup rapide de manche de hache, il coupa les rênes de Buck.

С два бързи удара с дръжката на брадвата той преряза юздите на Бък.

Hal n'avait plus aucune résistance et s'éloigna du chien.

Хал не можеше да се бори повече и се отдръпна от кучето.

De plus, Mercedes avait désormais besoin de ses deux bras pour se maintenir debout.

Освен това, Мерседес вече се нуждаеше от двете си ръце, за да се държи изправена.

Buck était trop proche de la mort pour pouvoir à nouveau tirer un traîneau.

Бък беше твърде близо до смъртта, за да може отново да тегли шейна.

Quelques minutes plus tard, ils se sont retirés et ont descendu la rivière.

Няколко минути по-късно те потеглиха и се отправиха надолу по реката.

Buck leva faiblement la tête et les regarda quitter la banque.

Бък вдигна слабо глава и ги наблюдаваше как напускат банката.

Pike a mené l'équipe, avec Solleks à l'arrière dans la roue.
Пайк поведе отбора, а Солекс беше отзад на мястото на кормилото.
Joe et Teek marchaient entre eux, tous deux boitant d'épuisement.
Джо и Тийк вървяха между тях, и двамата куцайки от изтощение.
Mercedes s'assit sur le traîneau et Hal saisit le long mât.
Мерседес седеше на шейната, а Хал стискаше дългия прът за впряг.
Charles trébuchait derrière, ses pas maladroits et incertains.
Чарлз се препъваше назад, стъпките му бяха тромави и несигурни.
Thornton s'agenouilla près de Buck et chercha doucement des os cassés.
Торнтън коленичи до Бък и внимателно опипа за счупени кости.
Ses mains étaient rudes mais bougeaient avec gentillesse et attention.
Ръцете му бяха груби, но движени с доброта и грижа.
Le corps de Buck était meurtri mais ne présentait aucune blessure durable.
Тялото на Бък беше насинено, но не показваше трайни наранявания.
Ce qui restait, c'était une faim terrible et une faiblesse quasi totale.
Това, което остана, беше ужасен глад и почти пълна слабост.
Au moment où cela fut clair, le traîneau était déjà loin en aval.
Докато това се разчисти, шейната беше отишла далеч надолу по реката.
L'homme et le chien regardaient le traîneau ramper lentement sur la glace fissurée.
Човек и куче наблюдаваха как шейната бавно пълзи по напукания лед.
Puis, ils virent le traîneau s'enfoncer dans un creux.

Тогава видяха как шейната потъва в една вдлъбнатина.
Le mât s'est envolé, Hal s'y accrochant toujours en vain.
Въртящият прът полетя нагоре, а Хал все още се държеше напразно за него.
Le cri de Mercedes les atteignit à travers la distance froide.
Викът на Мерседес ги достигна през студеното разстояние.
Charles se retourna et recula, mais il était trop tard.
Чарлз се обърна и отстъпи назад — но беше твърде късно.
Une calotte glaciaire entière a cédé et ils sont tous tombés à travers.
Цяла ледена покривка се поддаде и всички те пропаднаха.
Les chiens, le traîneau et les gens ont disparu dans l'eau noire en contrebas.
Кучета, шейни и хора изчезнаха в черната вода долу.
Il ne restait qu'un large trou dans la glace là où ils étaient passés.
Само широка дупка в леда беше останала там, където бяха минали.
Le fond du sentier s'était affaissé, comme Thornton l'avait prévenu.
Долната част на пътеката се беше сринала — точно както Торнтън предупреди.
Thornton et Buck se regardèrent, silencieux pendant un moment.
Торнтън и Бък се спогледаха и замълчаха за момент.
« Pauvre diable », dit doucement Thornton, et Buck lui lécha la main.
— Горкият дяволче — каза тихо Торнтън и Бък облиза ръката му.

Pour l'amour d'un homme
Заради любовта на един мъж

John Thornton s'est gelé les pieds dans le froid du mois de décembre précédent.
Джон Торнгън си измръзна краката в студа на предходния декември.
Ses partenaires l'ont mis à l'aise et l'ont laissé se rétablir seul.
Партньорите му го настаниха удобно и го оставиха да се възстанови сам.
Ils remontèrent la rivière pour rassembler un radeau de billes de bois pour Dawson.
Те се отправиха нагоре по реката, за да съберат сал с дървени трупи за Доусън.
Il boitait encore légèrement lorsqu'il a sauvé Buck de la mort.
Той все още леко куцаше, когато спаси Бък от смърт.
Mais avec le temps chaud qui continue, même cette boiterie a disparu.
Но с продължаващото топло време, дори това куцане изчезна.
Allongé au bord de la rivière pendant les longues journées de printemps, Buck se reposait.
Лежейки край брега на реката през дългите пролетни дни, Бък си почиваше.
Il regardait l'eau couler et écoutait les oiseaux et les insectes.
Той наблюдаваше течащата вода и слушаше птици и насекоми.
Lentement, Buck reprit ses forces sous le soleil et le ciel.
Бавно Бък възвърна силите си под слънцето и небето.
Un repos merveilleux après avoir parcouru trois mille kilomètres.
Почивката беше прекрасно усещане след изминаване на три хиляди мили.
Buck est devenu paresseux à mesure que ses blessures guérissaient et que son corps se remplissait.

Бък стана мързелив, докато раните му заздравяваха и тялото му се изпълваше.
Ses muscles se raffermirent et la chair revint recouvrir ses os.
Мускулите му се стегнаха и плътта отново покри костите му.
Ils se reposaient tous : Buck, Thornton, Skeet et Nig.
Всички си почиваха — Бък, Торнтън, Скийт и Ниг.
Ils attendaient le radeau qui allait les transporter jusqu'à Dawson.
Те чакаха сала, който щеше да ги отведе до Доусън.
Skeet était un petit setter irlandais qui s'est lié d'amitié avec Buck.
Скийт беше малък ирландски сетер, който се сприятели с Бък.
Buck était trop faible et malade pour lui résister lors de leur première rencontre.
Бък беше твърде слаб и болен, за да ѝ се съпротивлява при първата им среща.
Skeet avait le trait de guérisseur que certains chiens possèdent naturellement.
Скийт притежаваше лечителската черта, която някои кучета естествено притежават.
Comme une mère chatte, elle lécha et nettoya les blessures à vif de Buck.
Като майка котка, тя облизваше и почистваше разранените рани на Бък.
Chaque matin, après le petit-déjeuner, elle répétait son travail minutieux.
Всяка сутрин след закуска тя повтаряше старателната си работа.
Buck s'attendait à son aide autant qu'à celle de Thornton.
Бък очакваше нейната помощ толкова, колкото и тази на Торнтън.
Nig était également amical, mais moins ouvert et moins affectueux.
Ниг също беше дружелюбен, но по-малко открит и по-малко привързан.

Nig était un gros chien noir, à la fois chien de Saint-Hubert et chien de chasse.
Ниг беше голямо черно куче, наполовина хрътка, наполовина диърхаунд.
Il avait des yeux rieurs et une infinie bonne nature dans son esprit.
Той имаше смеещи се очи и безкрайна доброта в духа си.
À la surprise de Buck, aucun des deux chiens n'a montré de jalousie envers lui.
За изненада на Бък, нито едно от кучетата не показа ревност към него.
Skeet et Nig ont tous deux partagé la gentillesse de John Thornton.
И Скийт, и Ниг споделяха добротата на Джон Торнтън.
À mesure que Buck devenait plus fort, ils l'ont attiré dans des jeux de chiens stupides.
Докато Бък ставаше все по-силен, те го примамваха в глупави кучешки игри.
Thornton jouait souvent avec eux aussi, incapable de résister à leur joie.
Торнтън също често играеше с тях, неспособен да устои на радостта им.
De cette manière ludique, Buck est passé de la maladie à une nouvelle vie.
По този игрив начин Бък премина от болестта към нов живот.
L'amour – un amour véritable, brûlant et passionné – était enfin à lui.
Любовта — истинска, пламенна и страстна любов — най-накрая беше негова.
Il n'avait jamais connu ce genre d'amour dans le domaine de Miller.
Той никога не беше познавал подобна любов в имението на Милър.
Avec les fils du juge, il avait partagé le travail et l'aventure.
Със синовете на съдията той споделяше работа и приключения.

Chez les petits-fils, il vit une fierté raide et vantarde.
При внуците той видя скована и хвалебствена гордост.
Il entretenait avec le juge Miller lui-même une amitié respectueuse.
Със самия съдия Милър той поддържаше уважително приятелство.
Mais l'amour qui était feu, folie et adoration est venu avec Thornton.
Но любовта, която беше огън, лудост и преклонение, дойде с Торнтън.
Cet homme avait sauvé la vie de Buck, et cela seul signifiait beaucoup.
Този човек беше спасил живота на Бък и само това означаваше много.
Mais plus que cela, John Thornton était le type de maître idéal.
Но повече от това, Джон Торнтън беше идеалният тип учител.
D'autres hommes s'occupaient de chiens par devoir ou par nécessité professionnelle.
Други мъже се грижеха за кучета от длъжност или по служебна необходимост.
John Thornton prenait soin de ses chiens comme s'ils étaient ses enfants.
Джон Торнтън се грижеше за кучетата си, сякаш бяха негови деца.
Il prenait soin d'eux parce qu'il les aimait et qu'il ne pouvait tout simplement pas s'en empêcher.
Той се грижеше за тях, защото ги обичаше и просто не можеше да се сдържи.
John Thornton a vu encore plus loin que la plupart des hommes n'ont jamais réussi à voir.
Джон Торнтън виждаше дори по-далеч, отколкото повечето мъже някога успяваха да видят.
Il n'oubliait jamais de les saluer gentiment ou de leur adresser un mot d'encouragement.

Той никога не забравяше да ги поздрави любезно или да им каже някоя окуражителна дума.
Il adorait s'asseoir avec les chiens pour de longues conversations, ou « gazeuses », comme il disait.
Той обичаше да седи с кучетата за дълги разговори, или както казваше, „газове".
Il aimait saisir brutalement la tête de Buck entre ses mains fortes.
Той обичаше да хваща грубо главата на Бък между силните си ръце.
Puis il posa sa tête contre celle de Buck et le secoua doucement.
След това той опря глава на тази на Бък и нежно го разтърси.
Pendant tout ce temps, il traitait Buck de noms grossiers qui signifiaient de l'amour pour Buck.
През цялото време той наричаше Бък с груби имена, което за него означаваше любов.
Pour Buck, cette étreinte brutale et ces mots ont apporté une joie profonde.
На Бък тази груба прегръдка и тези думи донесоха дълбока радост.
Son cœur semblait se déchaîner de bonheur à chaque mouvement.
Сърцето му сякаш се разтрепераваше от щастие при всяко движение.
Lorsqu'il se releva ensuite, sa bouche semblait rire.
Когато скочи след това, устата му сякаш се смееше.
Ses yeux brillaient et sa gorge tremblait d'une joie inexprimée.
Очите му блестяха ярко, а гърлото му трепереше от неизказана радост.
Son sourire resta figé dans cet état d'émotion et d'affection rayonnante.
Усмивката му замръзна в това състояние на емоция и сияйна обич.

Thornton s'exclama alors pensivement : « Mon Dieu ! Il peut presque parler ! »
Тогава Торнтън възкликна замислено: „Боже! Той почти може да говори!"
Buck avait une étrange façon d'exprimer son amour qui causait presque de la douleur.
Бък имаше странен начин да изразява любов, който почти причиняваше болка.
Il serrait souvent très fort la main de Thornton entre ses dents.
Той често стискаше здраво ръката на Торнтън със зъби.
La morsure allait laisser des marques profondes qui resteraient un certain temps après.
Ухапването щеше да остави дълбоки следи, които щеше да останат известно време след това.
Buck croyait que ces serments étaient de l'amour, et Thornton savait la même chose.
Бък вярваше, че тези клетви са любов, а Торнтън знаеше същото.
Le plus souvent, l'amour de Buck se manifestait par une adoration silencieuse, presque silencieuse.
Най-често любовта на Бък се проявяваше в тихо, почти безмълвно обожание.
Bien qu'il soit ravi lorsqu'on le touche ou qu'on lui parle, il ne cherche pas à attirer l'attention.
Въпреки че се вълнуваше, когато го докосваха или му говореха, той не търсеше внимание.
Skeet a poussé son nez sous la main de Thornton jusqu'à ce qu'il la caresse.
Скийт пъхна носа си под ръката на Торнтън, докато той не я погали.
Nig s'approcha tranquillement et posa sa grosse tête sur le genou de Thornton.
Ниг се приближи тихо и отпусна голямата си глава на коляното на Торнтън.
Buck, au contraire, se contentait d'aimer à distance respectueuse.

Бък, за разлика от него, беше доволен да обича от почтително разстояние.

Il resta allongé pendant des heures aux pieds de Thornton, alerte et observant attentivement.
Той лежеше с часове в краката на Торнтън, нащрек и наблюдавайки внимателно.

Buck étudiait chaque détail du visage de son maître et le moindre mouvement.
Бък изучи всеки детайл от лицето на господаря си и най-малкото му движение.

Ou bien il était allongé plus loin, étudiant la silhouette de l'homme en silence.
Или лъжеше по-надалеч, изучавайки мълчаливо силуета на мъжа.

Buck observait chaque petit mouvement, chaque changement de posture ou de geste.
Бък наблюдаваше всяко малко движение, всяка промяна в стойката или жеста.

Ce lien était si puissant qu'il attirait souvent le regard de Thornton.
Толкова силна беше тази връзка, че често привличаше погледа на Торнтън.

Il rencontra les yeux de Buck sans un mot, l'amour brillant clairement à travers.
Той срещна погледа на Бък без думи, през който ясно блестеше любов.

Pendant longtemps après avoir été sauvé, Buck n'a jamais laissé Thornton hors de vue.
Дълго време след като беше спасен, Бък не изпускаше Торнтън от поглед.

Chaque fois que Thornton quittait la tente, Buck le suivait de près à l'extérieur.
Винаги, когато Торнтън напускаше палатката, Бък го следваше плътно навън.

Tous les maîtres sévères du Northland avaient fait que Buck avait peur de faire confiance.

Всички сурови господари в Северната земя бяха накарали Бък да се страхува да се доверява.

Il craignait qu'aucun homme ne puisse rester son maître plus d'un court instant.

Той се страхуваше, че никой човек не може да остане негов господар за повече от кратко време.

Il craignait que John Thornton ne disparaisse comme Perrault et François.

Той се страхуваше, че Джон Торнтън ще изчезне като Перо и Франсоа.

Même la nuit, la peur de le perdre hantait le sommeil agité de Buck.

Дори през нощта страхът от загубата му преследваше неспокойния сън на Бък.

Quand Buck se réveilla, il se glissa dehors dans le froid et se dirigea vers la tente.

Когато Бък се събуди, той се измъкна навън в студа и отиде до палатката.

Il écoutait attentivement le doux bruit de la respiration à l'intérieur.

Той се ослуша внимателно за тихия звук на дишането вътре.

Malgré l'amour profond de Buck pour John Thornton, la nature sauvage est restée vivante.

Въпреки дълбоката любов на Бък към Джон Торнтън, дивото остана жива.

Cet instinct primitif, éveillé dans le Nord, n'a pas disparu.

Този примитивен инстинкт, събуден на Севера, не изчезна.

L'amour a apporté la dévotion, la loyauté et le lien chaleureux du coin du feu.

Любовта донесе преданост, лоялност и топлата връзка край огъня.

Mais Buck a également conservé son instinct sauvage, vif et toujours en alerte.

Но Бък също така запази дивите си инстинкти, остри и винаги бдителни.

Il n'était pas seulement un animal de compagnie apprivoisé venu des terres douces de la civilisation.
Той не беше просто опитомен домашен любимец от меките земи на цивилизацията.
Buck était un être sauvage qui était venu s'asseoir près du feu de Thornton.
Бък беше диво същество, което беше дошло да поседи край огъня на Торнтън.
Il ressemblait à un chien du Southland, mais la sauvagerie vivait en lui.
Приличаше на куче от Южна земя, но в него живееше дива природа.
Son amour pour Thornton était trop grand pour permettre de voler cet homme.
Любовта му към Торнтън беше твърде голяма, за да позволи кражба от него.
Mais dans n'importe quel autre camp, il volerait avec audace et sans relâche.
Но във всеки друг лагер той би крал смело и без прекъсване.
Il était si habile à voler que personne ne pouvait l'attraper ou l'accuser.
Той беше толкова хитър в кражбата, че никой не можеше да го хване или обвини.
Son visage et son corps étaient couverts de cicatrices dues à de nombreux combats passés.
Лицето и тялото му бяха покрити с белези от многобройни минали битки.
Buck se battait toujours avec acharnement, mais maintenant il se battait avec plus de ruse.
Бък все още се бореше яростно, но сега се биеше с повече хитрост.
Skeet et Nig étaient trop doux pour se battre, et ils appartenaient à Thornton.
Скийт и Ниг бяха твърде кротки, за да се бият, а и бяха на Торнтън.

Mais tout chien étranger, aussi fort ou courageux soit-il, cédait.
Но всяко странно куче, независимо колко е силно или смело, отстъпваше.

Sinon, le chien se retrouvait à lutter contre Buck, à se battre pour sa vie.
В противен случай кучето се озоваваше в битка с Бък; бореше се за живота си.

Buck n'a eu aucune pitié une fois qu'il a choisi de se battre contre un autre chien.
Бък нямаше милост, след като реши да се бие с друго куче.

Il avait bien appris la loi du gourdin et des crocs dans le Nord.
Той беше добре изучил закона на тоягата и зъба в Северната земя.

Il n'a jamais abandonné un avantage et n'a jamais reculé devant la bataille.
Той никога не се отказваше от предимство и никога не се отказваше от битката.

Il avait étudié les Spitz et les chiens les plus féroces de la poste et de la police.
Той беше изучил Шпиц и най-свирепите кучета на пощата и полицията.

Il savait clairement qu'il n'y avait pas de juste milieu dans un combat sauvage.
Той знаеше ясно, че в дивата битка няма средно положение.

Il doit gouverner ou être gouverné ; faire preuve de miséricorde signifie faire preuve de faiblesse.
Той трябваше да управлява или да бъде управляван; проявяването на милост означаваше проявяване на слабост.

La miséricorde était inconnue dans le monde brut et brutal de la survie.
Милостта беше непозната в суровия и брутален свят на оцеляването.

Faire preuve de miséricorde était perçu comme de la peur, et la peur menait rapidement à la mort.
Да проявиш милост се е възприемало като страх, а страхът е водил бързо до смърт.

L'ancienne loi était simple : tuer ou être tué, manger ou être mangé.
Старият закон беше прост: убий или бъди убит, яж или бъди изяден.

Cette loi venait des profondeurs du temps, et Buck la suivait pleinement.
Този закон идваше от дълбините на времето и Бък го следваше стриктно.

Buck était plus vieux que son âge et que le nombre de respirations qu'il prenait.
Бък беше по-възрастен от годините си и от броя на вдишванията, които поемаше.

Il a clairement relié le passé ancien au moment présent.
Той ясно свързваше древното минало с настоящето.

Les rythmes profonds des âges le traversaient comme les marées.
Дълбоките ритми на вековете се движеха през него като приливите и отливите.

Le temps pulsait dans son sang aussi sûrement que les saisons faisaient bouger la terre.
Времето пулсираше в кръвта му така сигурно, както сезоните движеха земята.

Il était assis près du feu de Thornton, la poitrine forte et les crocs blancs.
Той седеше до огъня на Торнтън, с едри гърди и бели зъби.

Sa longue fourrure ondulait, mais derrière lui, les esprits des chiens sauvages observaient.
Дългата му козина се вееше, но зад него духовете на дивите кучета наблюдаваха.

Des demi-loups et des loups à part entière s'agitaient dans son cœur et dans ses sens.
Полувълци и истински вълци се раздвижиха в сърцето и сетивата му.

Ils goûtèrent sa viande et burent la même eau que lui.
Те опитаха месото му и пиха същата вода като него.
Ils reniflaient le vent à ses côtés et écoutaient la forêt.
Те подушиха вятъра до него и се заслушаха в гората.
Ils murmuraient la signification des sons sauvages dans l'obscurité.
Те шепнеха значенията на дивите звуци в тъмнината.
Ils façonnaient ses humeurs et guidaient chacune de ses réactions silencieuses.
Те оформяха настроенията му и насочваха всяка от тихите му реакции.
Ils se sont couchés avec lui pendant son sommeil et sont devenus une partie de ses rêves profonds.
Те лежаха с него, докато спеше, и ставаха част от дълбоките му сънища.
Ils rêvaient avec lui, au-delà de lui, et constituaient son esprit même.
Те мечтаеха с него, отвъд него, и съставляваха самия му дух.
Les esprits de la nature appelèrent si fort que Buck se sentit attiré.
Духовете на дивата природа зовеха толкова силно, че Бък се почувства привлечен.
Chaque jour, l'humanité et ses revendications s'affaiblissaient dans le cœur de Buck.
С всеки изминал ден човечеството и неговите претенции отслабваха в сърцето на Бък.
Au plus profond de la forêt, un appel étrange et palpitant allait s'élever.
Дълбоко в гората се готвеше да се чуе странен и вълнуващ зов.
Chaque fois qu'il entendait l'appel, Buck ressentait une envie à laquelle il ne pouvait résister.
Всеки път, когато чуеше обаждането, Бък изпитваше порив, на който не можеше да устои.
Il allait se détourner du feu et des sentiers battus des humains.

Той щеше да се отвърне от огъня и от угъпканите човешки пътеки.
Il allait s'enfoncer dans la forêt, avançant sans savoir pourquoi.
Той щеше да се гмурне в гората, да продължава напред, без да знае защо.
Il ne remettait pas en question cette attraction, car l'appel était profond et puissant.
Той не постави под въпрос това привличане, защото зовът беше дълбок и силен.
Souvent, il atteignait l'ombre verte et la terre douce et intacte
Често той достигаше зелената сянка и меката недокосната земя
Mais ensuite, son amour profond pour John Thornton l'a ramené vers le feu.
Но тогава силната любов към Джон Торнтън го привлече обратно към огъня.
Seul John Thornton tenait véritablement le cœur sauvage de Buck entre ses mains.
Само Джон Торнтън наистина държеше дивото сърце на Бък в хватката си.
Le reste de l'humanité n'avait aucune valeur ni signification durable pour Buck.
Останалата част от човечеството нямаше трайна стойност или смисъл за Бък.
Les étrangers pourraient le féliciter ou caresser sa fourrure avec des mains amicales.
Непознати може да го хвалят или да галят козината му с приятелски ръце.
Buck resta impassible et s'éloigna à cause de trop d'affection.
Бък остана невъзмутим и си тръгна, твърде много обичлив.
Hans et Pete sont arrivés avec le radeau qu'ils attendaient depuis longtemps
Ханс и Пит пристигнаха със сала, който отдавна бяха чакали.
Buck les a ignorés jusqu'à ce qu'il apprenne qu'ils étaient proches de Thornton.

Бък ги игнорираше, докато не научи, че са близо до Торнтън.

Après cela, il les a tolérés, mais ne leur a jamais montré toute sa chaleur.

След това той ги търпя, но никога не им показваше пълна топлота.

Il prenait de la nourriture ou des marques de gentillesse de leur part comme s'il leur rendait service.

Той приемаше храна или добрини от тях, сякаш им правеше услуга.

Ils étaient comme Thornton : simples, honnêtes et clairs dans leurs pensées.

Те бяха като Торнтън — прости, честни и с ясни мисли.

Tous ensemble, ils se rendirent à la scierie de Dawson et au grand tourbillon

Всички заедно пътуваха до дъскорезницата на Доусън и големия водовъртеж

Au cours de leur voyage, ils ont appris à comprendre profondément la nature de Buck.

По време на пътуването си те се научиха да разбират дълбоко природата на Бък.

Ils n'ont pas essayé de se rapprocher comme Skeet et Nig l'avaient fait.

Те не се опитаха да се сближат, както направиха Скийт и Ниг.

Mais l'amour de Buck pour John Thornton n'a fait que s'approfondir avec le temps.

Но любовта на Бък към Джон Торнтън само се задълбочаваше с времето.

Seul Thornton pouvait placer un sac sur le dos de Buck en été.

Само Торнтън можеше да сложи раница на гърба на Бък през лятото.

Quoi que Thornton ordonne, Buck était prêt à l'exécuter pleinement.

Каквото и да заповядаше Торнтън, Бък беше готов да изпълни напълно.

Un jour, après avoir quitté Dawson pour les sources du Tanana,
Един ден, след като напуснаха Доусън и се отправиха към горните притоци на Танана,
le groupe était assis sur une falaise qui descendait d'un mètre jusqu'au substrat rocheux nu.
Групата седеше на скала, която се спускаше на метър до гола скална основа.
John Thornton était assis près du bord et Buck se reposait à côté de lui.
Джон Торнтън седеше близо до ръба, а Бък си почиваше до него.
Thornton eut une pensée soudaine et attira l'attention des hommes.
На Торнтън му хрумна внезапна мисъл и той привлече вниманието на мъжете.
Il désigna le gouffre et donna un seul ordre à Buck.
Той посочи през пропастта и даде на Бък една-единствена команда.
« Saute, Buck ! » dit-il en balançant son bras au-dessus de la chute.
„Скачай, Бък!" – каза той, размахвайки ръка над пропастта.
En un instant, il dut attraper Buck, qui sautait pour obéir.
След миг трябваше да сграбчи Бък, който скачаше да се подчини.
Hans et Pete se sont précipités en avant et ont ramené les deux hommes en sécurité.
Ханс и Пийт се втурнаха напред и дръпнаха и двамата на безопасно място.
Une fois que tout fut terminé et qu'ils eurent repris leur souffle, Pete prit la parole.
След като всичко свърши и те си поеха дъх, Пит проговори.
« L'amour est étrange », dit-il, secoué par la dévotion féroce du chien.

„Любовта е необикновена", каза той, разтърсен от свирепата преданост на кучето.

Thornton secoua la tête et répondit avec un sérieux calme.
Торнтън поклати глава и отговори със спокойна сериозност.

« Non, l'amour est splendide », dit-il, « mais aussi terrible. »
„Не, любовта е прекрасна", каза той, „но и ужасна."

« Parfois, je dois l'admettre, ce genre d'amour me fait peur. »
„Понякога, трябва да призная, този вид любов ме плаши."

Pete hocha la tête et dit : « Je détesterais être l'homme qui te touche. »
Пийт кимна и каза: „Не бих искал да съм човекът, който ще те докосне."

Il regarda Buck pendant qu'il parlait, sérieux et plein de respect.
Той погледна Бък, докато говореше, сериозен и изпълнен с уважение.

« Py Jingo ! » s'empressa de dire Hans. « Moi non plus, non monsieur. »
— Пи Джинго! — каза бързо Ханс. — И аз не, сър.

Avant la fin de l'année, les craintes de Pete se sont réalisées à Circle City.
Преди края на годината, страховете на Пийт се сбъднаха в Съркъл Сити.

Un homme cruel nommé Black Burton a provoqué une bagarre dans le bar.
Жесток мъж на име Блек Бъртън се сби в бара.

Il était en colère et malveillant, s'en prenant à un nouveau tendre.
Той беше ядосан и злобен, нахвърляйки се върху нов неопитен младеж.

John Thornton est intervenu, calme et de bonne humeur comme toujours.
Джон Торнтън се намеси, спокоен и добродушен както винаги.

Buck était allongé dans un coin, la tête baissée, observant Thornton de près.
Бък лежеше в ъгъла, с наведена глава, и наблюдаваше внимателно Торнтън.
Burton frappa soudainement, son coup envoyant Thornton tourner.
Бъртън внезапно нанесе удар, като ударът му завъртя Торнтън.
Seule la barre du bar l'a empêché de s'écraser violemment au sol.
Само парапетът на бара го предпази от това да се разбие силно на земята.
Les observateurs ont entendu un son qui n'était ni un aboiement ni un cri.
Наблюдателите чуха звук, който не беше лай или скимтене
un rugissement profond sortit de Buck alors qu'il se lançait vers l'homme.
Бък изрева дълбоко, когато се хвърли към мъжа.
Burton a levé le bras et a sauvé sa vie de justesse.
Бъртън вдигна ръка и едва спаси живота си.
Buck l'a percuté, le faisant tomber à plat sur le sol.
Бък се блъсна в него и го повали на пода.
Buck mordit profondément le bras de l'homme, puis se jeta à la gorge.
Бък захапа дълбоко ръката на мъжа, след което се хвърли към гърлото му.
Burton n'a pu bloquer que partiellement et son cou a été déchiré.
Бъртън успя да блокира само частично и вратът му беше разкъсан.
Des hommes se sont précipités, les bâtons levés, et ont chassé Buck de l'homme ensanglanté.
Мъже нахлуха с вдигнати тояги и отблъснаха Бък от кървящия мъж.
Un chirurgien est intervenu rapidement pour arrêter l'écoulement du sang.

Хирургът действаше бързо, за да спре изтичането на кръв.
Buck marchait de long en large et grognait, essayant d'attaquer encore et encore.
Бък крачеше напред-назад и ръмжеше, опитвайки се да атакува отново и отново.
Seuls les coups de massue l'ont empêché d'atteindre Burton.
Само размахващите се стикове го спряха да стигне до Бъртън.
Une réunion de mineurs a été convoquée et tenue sur place.
Свикано е събрание на миньорите, което се проведе на място.
Ils ont convenu que Buck avait été provoqué et ont voté pour le libérer.
Те се съгласиха, че Бък е бил провокиран и гласуваха да го освободят.
Mais le nom féroce de Buck résonnait désormais dans tous les camps d'Alaska.
Но свирепото име на Бък сега отекваше във всеки лагер в Аляска.
Plus tard cet automne-là, Buck sauva à nouveau Thornton d'une nouvelle manière.
По-късно същата есен Бък отново спасява Торнтън по нов начин.
Les trois hommes guidaient un long bateau sur des rapides impétueux.
Тримата мъже водеха дълга лодка по бурни бързеи.
Thornton dirigeait le bateau et donnait des indications pour se rendre sur le rivage.
Торнтън управляваше лодката и викаше указания как да стигнем до брега.
Hans et Pete couraient sur terre, tenant une corde d'arbre en arbre.
Ханс и Пит тичаха по сушата, държейки въже, прекарано от дърво на дърво.
Buck suivait le rythme sur la rive, surveillant toujours son maître.

Бък не отстъпваше по брега, като непрекъснато наблюдаваше господаря си.
À un endroit désagréable, des rochers surplombaient les eaux vives.
На едно гадно място, скали стърчаха под бързата вода.
Hans lâcha la corde et Thornton dirigea le bateau vers le large.
Ханс пусна въжето и Торнтън насочи лодката нашироко.
Hans sprinta pour rattraper le bateau en passant devant les rochers dangereux.
Ханс спринтира, за да настигне лодката отново покрай опасните скали.
Le bateau a franchi le rebord mais a heurté une partie plus forte du courant.
Лодката прескочи ръбовете, но удари по-силна част от течението.
Hans a attrapé la corde trop vite et a déséquilibré le bateau.
Ханс грабна въжето твърде бързо и извади лодката от равновесие.
Le bateau s'est retourné et a heurté la berge, cul en l'air.
Лодката се преобърна и се удари в брега, с дъното нагоре.
Thornton a été jeté dehors et emporté dans la partie la plus sauvage de l'eau.
Торнтън беше изхвърлен и отнесен в най-дивата част на водата.
Aucun nageur n'aurait pu survivre dans ces eaux mortelles et tumultueuses.
Никой плувец не би могъл да оцелее в тези смъртоносни, бързи води.
Buck sauta instantanément et poursuivit son maître sur la rivière.
Бък скочи мигновено и подгони господаря си надолу по реката.
Après trois cents mètres, il atteignit enfin Thornton.
След триста ярда най-накрая стигна до Торнтън.
Thornton attrapa la queue de Buck, et Buck se tourna vers le rivage.

Торнтън сграбчи Бък за опашката и Бък се обърна към брега.

Il nageait de toutes ses forces, luttant contre la force de l'eau.

Той плуваше с пълна сила, борейки се с дивото съпротивление на водата.

Ils se déplaçaient en aval plus vite qu'ils ne pouvaient atteindre le rivage.

Те се движеха надолу по течението по-бързо, отколкото можеха да стигнат до брега.

Plus loin, la rivière rugissait plus fort alors qu'elle tombait dans des rapides mortels.

Напред реката бучеше по-силно, докато се спускаше в смъртоносни бързеи.

Les rochers fendaient l'eau comme les dents d'un énorme peigne.

Камъни прорязваха водата като зъбите на огромен гребен.

L'attraction de l'eau près de la chute était sauvage et inévitable.

Привличането на водата близо до пропастта беше свирепо и неудържимо.

Thornton savait qu'ils ne pourraient jamais atteindre le rivage à temps.

Торнтън знаеше, че никога няма да успеят да стигнат до брега навреме.

Il a gratté un rocher, s'est écrasé sur un deuxième,

Той се огъваше по един камък, блъскаше се във втори,

Et puis il s'est écrasé contre un troisième rocher, l'attrapant à deux mains.

И тогава се блъсна в трети камък, хващайки го с две ръце.

Il lâcha Buck et cria par-dessus le rugissement : « Vas-y, Buck ! Vas-y ! »

Той пусна Бък и извика над рева: „Давай, Бък! Давай!"

Buck n'a pas pu rester à flot et a été emporté par le courant.

Бък не можа да се задържи на повърхността и беше повлечен от течението.

Il s'est battu avec acharnement, s'efforçant de se retourner, mais n'a fait aucun progrès.

Той се бореше усилено, мъчеше се да се обърне, но не постигна никакъв напредък.

Puis il entendit Thornton répéter l'ordre par-dessus le rugissement de la rivière.

Тогава чу Торнтън да повтаря командата над рева на реката.

Buck sortit de l'eau et leva la tête comme pour un dernier regard.

Бък се изправи на задните си крака от водата и вдигна глава, сякаш за последен поглед.

puis il se retourna et obéit, nageant vers la rive avec résolution.

след това се обърна и се подчини, плувайки решително към брега.

Pete et Hans l'ont tiré à terre au dernier moment possible.

Пийт и Ханс го издърпаха на брега в последния възможен момент.

Ils savaient que Thornton ne pourrait s'accrocher au rocher que quelques minutes de plus.

Те знаеха, че Торнтън може да се вкопчи в скалата само още няколко минути.

Ils coururent sur la berge jusqu'à un endroit bien au-dessus de l'endroit où il était suspendu.

Те се изкачиха по брега до място далеч над мястото, където той висеше.

Ils ont soigneusement attaché la ligne du bateau au cou et aux épaules de Buck.

Те внимателно завързаха въжето на лодката за врата и раменете на Бък.

La corde était serrée mais suffisamment lâche pour permettre la respiration et le mouvement.

Въжето беше стегнато, но достатъчно хлабаво за дишане и движение.

Puis ils le jetèrent à nouveau dans la rivière tumultueuse et mortelle.

След това отново го пуснаха в бързата, смъртоносна река.

Buck nageait avec audace mais manquait son angle face à la force du courant.
Бък плуваше смело, но пропусна ъгъла си в силата на течението.
Il a vu trop tard qu'il allait dépasser Thornton.
Твърде късно видя, че ще подмине Торнтън.
Hans tira fort sur la corde, comme si Buck était un bateau en train de chavirer.
Ханс дръпна въжето силно, сякаш Бък беше преобръщаща се лодка.
Le courant l'a entraîné vers le fond et il a disparu sous la surface.
Течението го повлече надолу и той изчезна под повърхността.
Son corps a heurté la berge avant que Hans et Pete ne le sortent.
Тялото му се удари в банката, преди Ханс и Пийт да го извадят.
Il était à moitié noyé et ils l'ont chassé de l'eau.
Той беше полуудавен и те изтръгнаха водата от него.
Buck se leva, tituba et s'effondra à nouveau sur le sol.
Бък се изправи, олюля се и отново се строполи на земята.
Puis ils entendirent la voix de Thornton faiblement portée par le vent.
Тогава чуха гласа на Торнтън, слабо донесен от вятъра.
Même si les mots n'étaient pas clairs, ils savaient qu'il était proche de la mort.
Въпреки че думите бяха неясни, те знаеха, че е близо до смъртта.
Le son de la voix de Thornton frappa Buck comme une décharge électrique.
Звукът на гласа на Торнтън удари Бък като електрически шок.
Il sauta et courut sur la berge, retournant au point de lancement.
Той скочи и хукна нагоре по брега, връщайки се към мястото за излитане.

Ils attachèrent à nouveau la corde à Buck, et il entra à nouveau dans le ruisseau.
Отново завързаха въжето за Бък и той отново влезе в потока.

Cette fois, il nagea directement et fermement dans l'eau tumultueuse.
Този път той плуваше директно и уверено в бързащата вода.

Hans laissa sortir la corde régulièrement tandis que Pete l'empêchait de s'emmêler.
Ханс пусна въжето равномерно, докато Пит го предпазваше от оплитане.

Buck a nagé avec acharnement jusqu'à ce qu'il soit aligné juste au-dessus de Thornton.
Бък плуваше силно, докато не се озова точно над Торнтън.

Puis il s'est retourné et a foncé comme un train à toute vitesse.
След това се обърна и се втурна надолу като влак с пълна скорост.

Thornton le vit arriver, se redressa et entoura son cou de ses bras.
Торнтън го видя да идва, стегна се и го прегърна около врата.

Hans a attaché la corde fermement autour d'un arbre alors qu'ils étaient tous les deux entraînés sous l'eau.
Ханс здраво завърза въжето около едно дърво, докато и двамата бяха издърпани надолу.

Ils ont dégringolé sous l'eau, s'écrasant contre des rochers et des débris de la rivière.
Те се претърколиха под водата, разбивайки се в скали и речни отломки.

Un instant, Buck était au sommet, l'instant d'après, Thornton se levait en haletant.
В един момент Бък беше отгоре, а в следващия Торнтън се изправи задъхан.

Battus et étouffés, ils se dirigèrent vers la rive et la sécurité.

Пребити и задавени, те се обърнаха към брега и на сигурно място.
Thornton a repris connaissance, allongé sur un tronc d'arbre.
Торнтън дойде в съзнание, проснат върху един дънер.
Hans et Pete ont travaillé dur pour lui redonner souffle et vie.
Ханс и Пийт го натовариха усилено, за да му върнат дъха и живота.
Sa première pensée fut pour Buck, qui gisait immobile et mou.
Първата му мисъл беше за Бък, който лежеше неподвижен и отпуснат.
Nig hurla sur le corps de Buck et Skeet lui lécha doucement le visage.
Ниг виеше над тялото на Бък, а Скийт нежно облиза лицето му.
Thornton, endolori et meurtri, examina Buck avec des mains prudentes.
Торнтън, с рани и синини, прегледа Бък внимателно.
Il a trouvé trois côtes cassées, mais aucune blessure mortelle chez le chien.
Той откри три счупени ребра, но няма смъртоносни рани по кучето.
« C'est réglé », dit Thornton. « On campe ici. » Et c'est ce qu'ils firent.
— Това е решение — каза Торнтън. — Ще лагеруваме тук. И те го направиха.
Ils sont restés jusqu'à ce que les côtes de Buck soient guéries et qu'il puisse à nouveau marcher.
Те останаха, докато ребрата на Бък заздравяха и той можеше да ходи отново.

Cet hiver-là, Buck accomplit un exploit qui augmenta encore sa renommée.
През зимата Бък извърши подвиг, който допълнително увеличи славата му.

C'était moins héroïque que de sauver Thornton, mais tout aussi impressionnant.

Беше по-малко героично от спасяването на Торнтън, но също толкова впечатляващо.

À Dawson, les partenaires avaient besoin de provisions pour un long voyage.

В Доусън партньорите се нуждаеха от провизии за далечно пътуване.

Ils voulaient voyager vers l'Est, dans des terres sauvages et intactes.

Те искаха да пътуват на изток, в недокоснати диви земи.

L'acte de Buck dans l'Eldorado Saloon a rendu ce voyage possible.

Делото на Бък в салуна „Елдорадо" направи това пътуване възможно.

Tout a commencé avec des hommes qui se vantaient de leurs chiens en buvant un verre.

Започна с мъже, които се хвалеха с кучетата си, докато пиеха.

La renommée de Buck a fait de lui la cible de défis et de doutes.

Славата на Бък го направи обект на предизвикателства и съмнения.

Thornton, fier et calme, resta ferme dans la défense du nom de Buck.

Торнтън, горд и спокоен, твърдо защитаваше името на Бък.

Un homme a déclaré que son chien pouvait facilement tirer deux cents kilos.

Един мъж каза, че кучето му може да тегли петстотин паунда с лекота.

Un autre a dit six cents, et un troisième s'est vanté d'en avoir sept cents.

Друг каза шестстотин, а трети се похвали със седемстотин.

« Pfft ! » dit John Thornton, « Buck peut tirer un traîneau de mille livres. »

— Пф! — каза Джон Торнтън. — Бък може да тегли шейна от хиляда паунда.

Matthewson, un roi de Bonanza, s'est penché en avant et l'a défié.

Матюсън, един от Кралете на Бонанза, се наведе напред и го предизвика.

« Tu penses qu'il peut mettre autant de poids en mouvement ? »

„Мислиш ли, че може да задвижи толкова голяма тежест?"

« Et tu penses qu'il peut tirer le poids sur une centaine de mètres ? »

„И мислиш, че може да издърпа тежестта цели сто ярда?"

Thornton répondit froidement : « Oui. Buck est assez doué pour le faire. »

Торнтън отговори хладнокръвно: „Да. Бък е достатъчно куче, за да го направи."

« Il mettra mille livres en mouvement et le tirera sur une centaine de mètres. »

„Той ще задвижи хиляда паунда и ще го издърпа на сто ярда."

Matthewson sourit lentement et s'assura que tous les hommes entendaient ses paroles.

Матюсън се усмихна бавно и се увери, че всички мъже чуха думите му.

« J'ai mille dollars qui disent qu'il ne peut pas. Le voilà. »

„Имам хиляда долара, които твърдят, че не може. Ето ги."

Il a claqué un sac de poussière d'or de la taille d'une saucisse sur le bar.

Той тръшна торбичка със златен прах, голяма колкото наденица, върху бара.

Personne ne dit un mot. Le silence devint pesant et tendu autour d'eux.

Никой не каза нито дума. Тишината около тях ставаше тежка и напрегната.

Le bluff de Thornton – s'il en était un – avait été pris au sérieux.

Блъфът на Торнтън — ако изобщо е бил такъв — беше приет насериозно.

Il sentit la chaleur monter sur son visage tandis que le sang affluait sur ses joues.

Той усети как горещината се надига в лицето му, докато кръвта нахлу в бузите му.

Sa langue avait pris le pas sur sa raison à ce moment-là.

В този момент езикът му изпревари разума му.

Il ne savait vraiment pas si Buck pouvait déplacer mille livres.

Той наистина не знаеше дали Бък може да премести хиляда паунда.

Une demi-tonne ! Rien que sa taille lui pesait le cœur.

Половин тон! Само от размера му сърцето му се сви.

Il avait foi en la force de Buck et le pensait capable.

Той вярваше в силата на Бък и го смяташе за способен.

Mais il n'avait jamais été confronté à ce genre de défi, pas comme celui-ci.

Но никога не се беше сблъсквал с подобно предизвикателство, не и като това.

Une douzaine d'hommes l'observaient tranquillement, attendant de voir ce qu'il allait faire.

Дузина мъже го наблюдаваха мълчаливо, чакайки да видят какво ще направи.

Il n'avait pas d'argent, ni Hans ni Pete.

Той нямаше пари – нито пък Ханс, нито Пийт.

« J'ai un traîneau dehors », dit Matthewson froidement et directement.

— Имам шейна отвън — каза Матюсън студено и директно.

« Il est chargé de vingt sacs de cinquante livres chacun, tous de farine.

„Натоварено е с двайсет чувала, по петдесет паунда всеки, всички брашно."

« Alors ne laissez pas un traîneau manquant devenir votre excuse maintenant », a-t-il ajouté.

„Така че не позволявайте на липсващата шейна да ви бъде извинение сега", добави той.

Thornton resta silencieux. Il ne savait pas quels mots lui dire.

Торнтън мълчеше. Не знаеше какви думи да каже.

Il regarda les visages autour de lui sans les voir clairement.

Той огледа лицата, без да ги вижда ясно.

Il ressemblait à un homme figé dans ses pensées, essayant de redémarrer.

Той изглеждаше като човек, замръзнал в мисли, опитващ се да започне отново.

Puis il a vu Jim O'Brien, un ami de l'époque Mastodon.

Тогава видя Джим О'Брайън, приятел от времето на мастодонтите.

Ce visage familier lui a donné un courage qu'il ne savait pas avoir.

Това познато лице му вдъхна кураж, за която не знаеше, че я има.

Il se tourna et demanda à voix basse : « Peux-tu me prêter mille ? »

Той се обърна и попита тихо: „Можеш ли да ми дадеш назаем хиляда?"

« Bien sûr », dit O'Brien, laissant déjà tomber un lourd sac près de l'or.

— Разбира се — каза О'Брайън, като вече пускаше тежък чувал до златото.

« Mais honnêtement, John, je ne crois pas que la bête puisse faire ça. »

„Но честно казано, Джон, не вярвам, че звярът може да направи това."

Tout le monde dans le Saloon Eldorado s'est précipité dehors pour voir l'événement.

Всички в салуна „Елдорадо" се втурнаха навън, за да видят събитието.

Ils ont laissé les tables et les boissons, et même les jeux ont été interrompus.

Те напуснаха масите и напитките, а дори и игрите бяха спрени.
Les croupiers et les joueurs sont venus assister à la fin de ce pari audacieux.
Крупьорите и комарджиите дойдоха да станат свидетели на края на смелия облог.
Des centaines de personnes se sont rassemblées autour du traîneau dans la rue glacée.
Стотици се събраха около шейната на заледената открита улица.
Le traîneau de Matthewson était chargé d'une charge complète de sacs de farine.
Шейната на Матюсън стоеше пълна с чували с брашно.
Le traîneau était resté immobile pendant des heures à des températures négatives.
Шейната беше престояла с часове при минусови температури.
Les patins du traîneau étaient gelés et collés à la neige tassée.
Плъзгачите на шейната бяха здраво замръзнали за утъпкания сняг.
Les hommes ont offert une cote de deux contre un que Buck ne pourrait pas déplacer le traîneau.
Мъжете предложиха коефициент две към едно, че Бък няма да може да премести шейната.
Une dispute a éclaté sur ce que signifiait réellement « sortir ».
Избухна спор за това какво всъщност означава „избухване".
O'Brien a déclaré que Thornton devrait desserrer la base gelée du traîneau.
О'Брайън каза, че Торнтън трябва да разхлаби замръзналата основа на шейната.
Buck pourrait alors « sortir » d'un départ solide et immobile.
Тогава Бък можеше да „избухне" от солиден, неподвижен старт.

Matthewson a soutenu que le chien devait également libérer les coureurs.
Матюсън твърди, че кучето също трябва да освободи бегачите.
Les hommes qui avaient entendu le pari étaient d'accord avec le point de vue de Matthewson.
Мъжете, които бяха чули облога, се съгласиха с мнението на Матюсън.
Avec cette décision, les chances sont passées à trois contre un contre Buck.
С това решение коефициентът скочи до три към едно срещу Бък.
Personne ne s'est manifesté pour prendre en compte les chances croissantes de trois contre un.
Никой не се намеси, за да се възползва от нарастващия коефициент три към едно.
Pas un seul homme ne croyait que Buck pouvait accomplir un tel exploit.
Никой мъж не вярваше, че Бък може да извърши великия подвиг.
Thornton s'était précipité dans le pari, lourd de doutes.
Торнтън беше принуден да се обзаложи, обзет от съмнения.
Il regarda alors le traîneau et l'attelage de dix chiens à côté.
Сега той погледна шейната и впряга от десет кучета до нея.
En voyant la réalité de la tâche, elle semblait encore plus impossible.
Виждането на реалността на задачата я правеше да изглежда още по-невъзможна.
Matthewson était plein de fierté et de confiance à ce moment-là.
В този момент Матюсън беше изпълнен с гордост и увереност.
« Trois contre un ! » cria-t-il. « Je parie mille de plus, Thornton !

„Три към едно!" – извика той. – „Залагам още хиляда, Торнтън!"
« Que dites-vous ? » ajouta-t-il, assez fort pour que tout le monde l'entende.
„Какво ще кажеш?" – добави той достатъчно силно, за да го чуят всички.
Le visage de Thornton exprimait ses doutes, mais son esprit s'était élevé.
Лицето на Торнтън издаваше съмненията му, но духът му се беше повдигнал.
Cet esprit combatif ignorait les probabilités et ne craignait rien du tout.
Тозият боен дух пренебрегваше неблагоприятните обстоятелства и не се страхуваше от нищо.
Il a appelé Hans et Pete pour apporter tout leur argent sur la table.
Той се обади на Ханс и Пит, за да донесат всичките си пари на масата.
Il ne leur restait plus grand-chose : seulement deux cents dollars au total.
Беше им останало малко — само двеста долара общо.
Cette petite somme représentait toute leur fortune pendant les temps difficiles.
Тази малка сума била цялото им богатство по време на трудни времена.
Pourtant, ils ont misé toute leur fortune contre le pari de Matthewson.
Въпреки това, те заложиха цялото си състояние срещу залога на Матюсън.
L'attelage de dix chiens a été dételé et éloigné du traîneau.
Впрягът от десет кучета беше отвързан и се отдалечи от шейната.
Buck a été placé dans les rênes, portant son harnais familier.
Бък беше поставен на юздите, облечен в познатия си хамут.
Il avait capté l'énergie de la foule et ressenti la tension.

Той беше уловил енергията на тълпата и усети напрежението.

D'une manière ou d'une autre, il savait qu'il devait faire quelque chose pour John Thornton.

Някак си знаеше, че трябва да направи нещо за Джон Торнтън.

Les gens murmuraient avec admiration devant la fière silhouette du chien.

Хората шепнеха с възхищение при вида на гордата фигура на кучето.

Il était mince et fort, sans une seule once de chair supplémentaire.

Той беше слаб и силен, без нито един излишен грам плът.

Son poids total de cent cinquante livres n'était que puissance et endurance.

Пълното му тегло от сто и петдесет паунда се изразяваше само в сила и издръжливост.

Le pelage de Buck brillait comme de la soie, épais de santé et de force.

Козината на Бък блестеше като коприна, гъста от здраве и сила.

La fourrure le long de son cou et de ses épaules semblait se soulever et se hérisser.

Козината по врата и раменете му сякаш се надигна и настръхна.

Sa crinière bougeait légèrement, chaque cheveu vivant de sa grande énergie.

Гривата му леко се помръдна, всеки косъм оживяваше от огромната му енергия.

Sa large poitrine et ses jambes fortes correspondaient à sa silhouette lourde et robuste.

Широките му гърди и силните му крака подхождаха на тежката му, жилава фигура.

Des muscles ondulaient sous son manteau, tendus et fermes comme du fer lié.

Мускули набъбваха под палтото му, стегнати и твърди като оковани желязо.

Les hommes le touchaient et juraient qu'il était bâti comme une machine en acier.
Мъжете го докосваха и се кълняха, че е сложен като стоманена машина.

Les chances ont légèrement baissé à deux contre un contre le grand chien.
Шансовете леко спаднаха до две към едно срещу голямото куче.

Un homme des bancs de Skookum s'avança en bégayant.
Мъж от пейките на Скукум се придвижи напред, заеквайки.

« Bien, monsieur ! J'offre huit cents pour lui – avant l'examen, monsieur ! »
„Добре, господине! Предлагам осемстотин за него… преди изпитанието, господине!"

« Huit cents, tel qu'il est en ce moment ! » insista l'homme.
„Осемстотин, както е в момента!" – настоя мъжът.

Thornton s'avança, sourit et secoua calmement la tête.
Торнтън пристъпи напред, усмихна се и спокойно поклати глава.

Matthewson est rapidement intervenu avec une voix d'avertissement et un froncement de sourcils.
Матюсън бързо се намеси с предупредителен глас и намръщено лице.

« Éloignez-vous de lui », dit-il. « Laissez-lui de l'espace. »
„Трябва да се отдръпнеш от него", каза той. „Дай му пространство."

La foule se tut ; seuls les joueurs continuaient à miser deux contre un.
Тълпата замълча; само комарджиите все още предлагаха две срещу едно.

Tout le monde admirait la carrure de Buck, mais la charge semblait trop lourde.
Всички се възхищаваха на телосложението на Бък, но товарът изглеждаше твърде голям.

Vingt sacs de farine, pesant chacun cinquante livres, semblaient beaucoup trop.

Двадесет чувала брашно – всеки по петдесет паунда тежащ – изглеждаха твърде много.

Personne n'était prêt à ouvrir sa bourse et à risquer son argent.
Никой не беше склонен да отвори кесията си и да рискува парите си.

Thornton s'agenouilla à côté de Buck et prit sa tête à deux mains.
Торнтън коленичи до Бък и хвана главата му с две ръце.

Il pressa sa joue contre celle de Buck et lui parla à l'oreille.
Той притисна бузата си към тази на Бък и проговори в ухото му.

Il n'y avait plus de secousses enjouées ni d'insultes affectueuses murmurées.
Сега нямаше игриво потупване или шепнещи любящи обиди.

Il murmura simplement doucement : « Autant que tu m'aimes, Buck. »
Той само промърмори тихо: „Колкото и да ме обичаш, Бък."

Buck émit un gémissement silencieux, son impatience à peine contenue.
Бък изхленчи тихо, едва сдържайки нетърпението си.

Les spectateurs observaient avec curiosité la tension qui emplissait l'air.
Зрителите наблюдаваха с любопитство как напрежението изпълваше въздуха.

Le moment semblait presque irréel, comme quelque chose qui dépassait la raison.
Моментът се усещаше почти нереален, като нещо отвъд разумното.

Lorsque Thornton se leva, Buck prit doucement sa main dans ses mâchoires.
Когато Торнтън се изправи, Бък нежно хвана ръката му в челюстите си.

Il appuya avec ses dents, puis relâcha lentement et doucement.

Той натисна със зъби, след което бавно и нежно го пусна.
C'était une réponse silencieuse d'amour, non prononcée, mais comprise.
Това беше мълчалив отговор на любов, не изречен, а разбран.
Thornton s'éloigna du chien et donna le signal.
Торнтън се отдръпна доста назад от кучето и даде знак.
« Maintenant, Buck », dit-il, et Buck répondit avec un calme concentré.
— Хайде, Бък — каза той и Бък отговори съсредоточено спокойно.
Buck a resserré les traces, puis les a desserrées de quelques centimètres.
Бък стегна конците, след което ги разхлаби с няколко сантиметра.
C'était la méthode qu'il avait apprise ; sa façon de briser le traîneau.
Това беше методът, който беше научил; неговият начин да счупи шейната.
« Tiens ! » cria Thornton, sa voix aiguë dans le silence pesant.
„Ох!" – извика Торнтън, гласът му прониза тежката тишина.
Buck se tourna vers la droite et se jeta de tout son poids.
Бък се обърна надясно и се хвърли с цялата си тежест.
Le mou disparut et toute la masse de Buck heurta les lignes serrées.
Хлабината изчезна и пълната маса на Бък се стовари върху стегнатите релси.
Le traîneau tremblait et les patins émettaient un bruit de crépitement.
Шейната трепереше, а плъзгачите издаваха отчетлив пращен звук.
« Haw ! » ordonna Thornton, changeant à nouveau la direction de Buck.
„Хау!" изкомандва Торнтън, като отново насочи Бък към другата посока.

Buck répéta le mouvement, cette fois en tirant brusquement vers la gauche.
Бък повтори движението, този път дръпна рязко наляво.

Le traîneau craquait plus fort, les patins claquaient et se déplaçaient.
Шейната пукаше по-силно, плъзгачите щракаха и се размесваха.

La lourde charge glissait légèrement latéralement sur la neige gelée.
Тежкият товар се плъзгаше леко настрани по замръзналия сняг.

Le traîneau s'était libéré de l'emprise du sentier glacé !
Шейната се беше откъснала от хватката на заледената пътека!

Les hommes retenaient leur souffle, ignorant qu'ils ne respiraient même pas.
Мъжете затаиха дъх, без да осъзнават, че дори не дишат.

« Maintenant, TIREZ ! » cria Thornton à travers le silence glacial.
„Сега, ДЪРПАЙ!" – извика Торнтън през замръзналата тишина.

L'ordre de Thornton résonna fort, comme le claquement d'un fouet.
Командата на Торнтън прозвуча остро, като удар на камшик.

Buck se jeta en avant avec un mouvement violent et saccadé.
Бък се хвърли напред с яростен и рязък скок.

Tout son corps se tendit et se contracta sous l'énorme tension.
Цялото му тяло се стегна и сгъна за огромното напрежение.

Des muscles ondulaient sous sa fourrure comme des serpents prenant vie.
Мускули се напъваха под козината му като оживяващи змии.

Sa large poitrine était basse, la tête tendue vers l'avant en direction du traîneau.

Големите му гърди бяха ниски, главата му — протегната напред към шейната.

Ses pattes bougeaient comme l'éclair, ses griffes tranchant le sol gelé.

Лапите му се движеха като светкавица, ноктите му разрязваха замръзналата земя.

Des rainures ont été creusées profondément alors qu'il luttait pour chaque centimètre de traction.

Вдлъбнатините бяха дълбоки, докато той се бореше за всеки сантиметър сцепление.

Le traîneau se balança, trembla et commença un mouvement lent et agité.

Шейната се залюля, затрепери и започна бавно, неспокойно движение.

Un pied a glissé et un homme dans la foule a gémi à haute voix.

Единият крак се подхлъзна и мъж от тълпата изстена високо.

Puis le traîneau s'élança en avant dans un mouvement saccadé et brusque.

Тогава шейната се хвърли напред с рязко, грубо движение.

Cela ne s'est pas arrêté à nouveau - un demi-pouce... un pouce... deux pouces de plus.

Не спря отново — половин инч... инч... два инча повече.

Les secousses devinrent plus faibles à mesure que le traîneau commençait à prendre de la vitesse.

Трескuте отслабнаха, когато шейната започна да набира скорост.

Bientôt, Buck tirait avec une puissance douce et régulière.

Скоро Бък дърпаше с плавна, равномерна, търкаляща се сила.

Les hommes haletèrent et finirent par se rappeler de respirer à nouveau.

Мъжете ахнаха и най-накрая се сетиха да дишат отново.

Ils n'avaient pas remarqué que leur souffle s'était arrêté de stupeur.

Не бяха забелязали как дъхът им спря от страхопочитание.
Thornton courait derrière, lançant des ordres courts et joyeux.
Торнтън тичаше отзад, викайки кратки, весели команди.
Devant nous se trouvait une pile de bois de chauffage qui marquait la distance.
Напред имаше купчина дърва за огрев, която отбелязваше разстоянието.
Alors que Buck s'approchait du tas, les acclamations devenaient de plus en plus fortes.
Докато Бък се приближаваше към купчината, виковете ставаха все по-силни и по-силни.
Les acclamations se sont transformées en rugissement lorsque Buck a dépassé le point d'arrivée.
Одобрителните викове прераснаха в рев, когато Бък подмина крайната точка.
Les hommes ont sauté et crié, même Matthewson a esquissé un sourire.
Мъжете подскачаха и викаха, дори Матюсън се усмихна широко.
Les chapeaux volaient dans les airs, les mitaines étaient lancées sans réfléchir ni viser.
Шапки летяха във въздуха, ръкавици бяха хвърляни безмислено и безцелно.
Les hommes se sont attrapés et se sont serré la main sans savoir à qui.
Мъже се хванаха един друг и се ръкуваха, без да знаят на кого.
Toute la foule bourdonnait d'une célébration folle et joyeuse.
Цялата тълпа бръмчеше в диво, радостно празненство.
Thornton tomba à genoux à côté de Buck, les mains tremblantes.
Торнтън падна на колене до Бък с треперещи ръце.
Il pressa sa tête contre celle de Buck et le secoua doucement d'avant en arrière.

Той притисна глава към тази на Бък и нежно го разтърси напред-назад.

Ceux qui s'approchaient l'entendaient maudire le chien avec un amour silencieux.

Тези, които се приближиха, го чуха да проклина кучето с тиха любов.

Il a insulté Buck pendant un long moment, doucement, chaleureusement, avec émotion.

Той дълго ругаеше Бък — тихо, топло, развълнувано.

« Bien, monsieur ! Bien, monsieur ! » s'écria précipitamment le roi du Banc Skookum.

„Добре, господине! Добре, господине!" — извика припряно кралят на пейката на Скукум.

« Je vous donne mille, non, douze cents, pour ce chien, monsieur ! »

„Ще ви дам хиляда… не, хиляда и двеста… за това куче, господине!"

Thornton se leva lentement, les yeux brillants d'émotion.

Торнтън бавно се изправи на крака, очите му блестяха от емоция.

Les larmes coulaient ouvertement sur ses joues sans aucune honte.

Сълзи се стичаха открито по бузите му без никакъв срам.

« Monsieur », dit-il au roi du banc Skookum, ferme et posé.

„Господине", каза той на краля на пейката в Скукум, спокойно и твърдо

« Non, monsieur. Allez au diable, monsieur. C'est ma réponse définitive. »

„Не, господине. Можете да вървите по дяволите, господине. Това е окончателният ми отговор."

Buck attrapa doucement la main de Thornton dans ses mâchoires puissantes.

Бък нежно сграбчи ръката на Торнтън в силните си челюсти.

Thornton le secoua de manière enjouée, leur lien étant plus profond que jamais.

Торнтън го разтърси игриво, връзката им беше дълбока както винаги.
La foule, émue par l'instant, recula en silence.
Тълпата, развълнувана от момента, отстъпи мълчаливо назад.
Dès lors, personne n'osa interrompre cette affection si sacrée.
Оттогава нататък никой не смееше да прекъсва тази свещена обич.

Le son de l'appel
Звукът на обаждането

Buck avait gagné seize cents dollars en cinq minutes.
Бък беше спечелил хиляда и шестстотин долара за пет минути.
Cet argent a permis à John Thornton de payer une partie de ses dettes.
Парите позволиха на Джон Торнтън да изплати част от дълговете си.
Avec le reste de l'argent, il se dirigea vers l'Est avec ses partenaires.
С останалите пари той се отправи на изток с партньорите си.
Ils cherchaient une mine perdue légendaire, aussi vieille que le pays lui-même.
Те търсеха легендарна изгубена мина, стара колкото самата страна.
Beaucoup d'hommes avaient cherché la mine, mais peu l'avaient trouvée.
Много мъже бяха търсили мината, но малцина я бяха намерили.
Plus d'un homme avait disparu au cours de cette quête dangereuse.
Неколцина мъже бяха изчезнали по време на опасното търсене.
Cette mine perdue était enveloppée à la fois de mystère et d'une vieille tragédie.
Тази изгубена мина беше обвита едновременно в мистерия и стара трагедия.
Personne ne savait qui avait été le premier homme à découvrir la mine.
Никой не знаеше кой е бил първият човек, открил мината.
Les histoires les plus anciennes ne mentionnent personne par son nom.
В най-старите истории не се споменава никого по име.
Il y avait toujours eu là une vieille cabane délabrée.

Там винаги е имало една стара, порутена колиба.
Des hommes mourants avaient juré qu'il y avait une mine à côté de cette vieille cabane.
Умиращите мъже се бяха кълнали, че до онази стара хижа има мина.
Ils ont prouvé leurs histoires avec de l'or comme on n'en trouve nulle part ailleurs.
Те доказаха историите си със злато, каквото не се намира никъде другаде.
Aucune âme vivante n'avait jamais pillé le trésor de cet endroit.
Никоя жива душа никога не беше ограбвала съкровището от това място.
Les morts étaient morts, et les morts ne racontent pas d'histoires.
Мъртвите бяха мъртви, а мъртвите не разказват истории.
Thornton et ses amis se dirigèrent donc vers l'Est.
И така, Торнтън и приятелите му се отправили на изток.
Pete et Hans se sont joints à eux, amenant Buck et six chiens forts.
Пит и Ханс се присъединиха, като доведоха Бък и шест силни кучета.
Ils se sont lancés sur un chemin inconnu là où d'autres avaient échoué.
Те тръгнаха по непозната пътека, където други се бяха провалили.
Ils ont parcouru soixante-dix milles en traîneau sur le fleuve Yukon gelé.
Те се спускаха с шейни седемдесет мили нагоре по замръзналата река Юкон.
Ils tournèrent à gauche et suivirent le sentier jusqu'au Stewart.
Те завиха наляво и последваха пътеката към река Стюарт.
Ils passèrent le Mayo et le McQuestion, poursuivant leur route.
Те подминаха „Майо" и „Маккуешън" и продължиха напред.

Le Stewart s'est rétréci en un ruisseau, traversant des pics déchiquetés.
Стюарт се сви в поток, пронизващ назъбени върхове.
Ces pics acérés marquaient l'épine dorsale même du continent.
Тези остри върхове маркираха самия гръбнак на континента.
John Thornton exigeait peu des hommes ou de la nature sauvage.
Джон Торнтън не изискваше много от хората или от дивата земя.
Il ne craignait rien dans la nature et affrontait la nature sauvage avec aisance.
Той не се страхуваше от нищо в природата и се изправяше пред дивото с лекота.
Avec seulement du sel et un fusil, il pouvait voyager où il le souhaitait.
Само със сол и пушка, той можеше да пътува където пожелае.
Comme les indigènes, il chassait de la nourriture pendant ses voyages.
Подобно на местните жители, той ловувал храна, докато пътувал.
S'il n'attrapait rien, il continuait, confiant en la chance qui l'attendait.
Ако не хванеше нищо, той продължаваше, уповавайки се на късмета си.
Au cours de ce long voyage, la viande était la principale nourriture qu'ils mangeaient.
По време на това дълго пътуване месото беше основното нещо, което ядяха.
Le traîneau contenait des outils et des munitions, mais aucun horaire strict.
Шейната съдържаше инструменти и боеприпаси, но нямаше строг график.
Buck adorait cette errance, la chasse et la pêche sans fin.
Бък обичаше това скитане; безкрайния лов и риболов.

Pendant des semaines, ils ont voyagé jour après jour.
Седмици наред те пътуваха ден след ден.
D'autres fois, ils établissaient des camps et restaient immobiles pendant des semaines.
Друг път те правеха лагери и оставаха неподвижни седмици наред.
Les chiens se reposaient pendant que les hommes creusaient dans la terre gelée.
Кучетата си почиваха, докато мъжете копаеха през замръзналата пръст.
Ils chauffaient des poêles sur des feux et cherchaient de l'or caché.
Те затопляха тигани на огън и търсеха скрито злато.
Certains jours, ils souffraient de faim, et d'autres jours, ils faisaient des festins.
Някои дни гладуваха, а други дни имаха празненства.
Leurs repas dépendaient du gibier et de la chance de la chasse.
Храната им зависеше от дивеча и късмета при лов.
Quand l'été arrivait, les hommes et les chiens chargeaient des charges sur leur dos.
Когато дойде лятото, мъжете и кучетата натовариха товари на гърба си.
Ils ont fait du rafting sur des lacs bleus cachés dans des forêts de montagne.
Те са спускали с рафтове през сини езера, скрити в планинските гори.
Ils naviguaient sur des bateaux minces sur des rivières qu'aucun homme n'avait jamais cartographiées.
Те плаваха с тънки лодки по реки, които никой човек никога не беше картографирал.
Ces bateaux ont été construits à partir d'arbres sciés dans la nature.
Тези лодки са били построени от дървета, които са отрязали в дивата природа.

Les mois passèrent et ils sillonnèrent des terres sauvages et inconnues.
Месеците минаваха и те се виеха през дивите непознати земи.

Il n'y avait pas d'hommes là-bas, mais de vieilles traces suggéraient qu'il y en avait eu.
Нямаше мъже там, но стари следи подсказваха, че е имало хора.

Si la Cabane Perdue était réelle, alors d'autres étaient déjà passés par là.
Ако Изгубената колиба беше истинска, значи и други някога са минали оттук.

Ils traversaient des cols élevés dans des blizzards, même pendant l'été.
Те прекосяваха високи проходи във виелици, дори през лятото.

Ils frissonnaient sous le soleil de minuit sur les pentes nues des montagnes.
Те трепереха под полунощното слънце по голите планински склонове.

Entre la limite des arbres et les champs de neige, ils montaient lentement.
Между горската линия и снежните полета те се изкачваха бавно.

Dans les vallées chaudes, ils écrasaient des nuages de moucherons et de mouches.
В топлите долини те гонеха облаци от комари и мухи.

Ils cueillaient des baies sucrées près des glaciers en pleine floraison estivale.
Те бяха сладки плодове близо до ледниците в разцвет през лятото.

Les fleurs qu'ils ont trouvées étaient aussi belles que celles du Southland.
Цветята, които откриха, бяха също толкова прекрасни, колкото тези в Южната земя.

Cet automne-là, ils atteignirent une région solitaire remplie de lacs silencieux.

През есента те стигнаха до уединен район, пълен с тихи езера.
La terre était triste et vide, autrefois pleine d'oiseaux et de bêtes.
Земята беше тъжна и пуста, някога пълна с птици и зверове.
Il n'y avait plus de vie, seulement le vent et la glace qui se formait dans les flaques.
Сега нямаше живот, само вятърът и ледът, образуващ се в локви.
Les vagues s'écrasaient sur les rivages déserts avec un son doux et lugubre.
Вълните се плискаха в празни брегове с мек, тъжен звук.

Un autre hiver arriva et ils suivirent à nouveau de vieux sentiers lointains.
Дойде още една зима и те отново следваха бледи, стари следи.
C'étaient les traces d'hommes qui les avaient cherchés bien avant eux.
Това бяха следите на мъже, които са търсили много преди тях.
Un jour, ils trouvèrent un chemin creusé profondément dans la forêt sombre.
Веднъж намериха пътека, издълбана дълбоко в тъмната гора.
C'était un vieux sentier, et ils sentaient que la cabane perdue était proche.
Беше стара пътека и те чувстваха, че изгубената хижа е близо.
Mais le sentier ne menait nulle part et s'enfonçait dans les bois épais.
Но пътеката не водеше никъде и се губеше в гъстата гора.
Personne ne savait qui avait fait ce sentier et pourquoi.
Който и да е проправил пътеката и защо я е проправил, никой не знаеше.

Plus tard, ils ont trouvé l'épave d'un lodge caché parmi les arbres.
По-късно те открили останките от хижа, скрита сред дърветата.
Des couvertures pourries gisaient éparpillées là où quelqu'un avait dormi.
Там, където някога е спал някой, бяха разпръснати гниещи одеяла.
John Thornton a trouvé un fusil à silex à long canon enterré à l'intérieur.
Джон Торнтън намери заровена вътре кремъчна пушка с дълга цев.
Il savait qu'il s'agissait d'un fusil de la Baie d'Hudson depuis les premiers jours de son commerce.
Той знаеше, че това е оръдие от залива Хъдсън още от ранните дни на търговията.
À cette époque, ces armes étaient échangées contre des piles de peaux de castor.
В онези дни такива оръжия се разменяха за купчини боброви кожи.
C'était tout : il ne restait aucune trace de l'homme qui avait construit le lodge.
Това беше всичко — не остана никаква следа от човека, който е построил хижата.

Le printemps est revenu et ils n'ont trouvé aucun signe de la Cabane Perdue.
Пролетта дойде отново и те не намериха никаква следа от Изгубената колиба.
Au lieu de cela, ils trouvèrent une large vallée avec un ruisseau peu profond.
Вместо това те откриха широка долина с плитък поток.
L'or recouvrait le fond des casseroles comme du beurre jaune et lisse.
Златото лежеше по дъното на тиганите като гладко, жълто масло.
Ils s'arrêtèrent là et ne cherchèrent plus la cabane.

Те спряха там и не търсеха повече хижата.
Chaque jour, ils travaillaient et trouvaient des milliers de pièces d'or en poudre.
Всеки ден те работеха и откриваха хиляди в златен прах.
Ils ont emballé l'or dans des sacs de peau d'élan, de cinquante livres chacun.
Те опаковаха златото в чували от лосова кожа, всеки по петдесет паунда.
Les sacs étaient empilés comme du bois de chauffage à l'extérieur de leur petite loge.
Чувалите бяха струпани като дърва за огрев пред малката им хижа.
Ils travaillaient comme des géants et les jours passaient comme des rêves rapides.
Те работеха като гиганти, а дните минаваха като бързи сънища.
Ils ont amassé des trésors au fil des jours sans fin.
Те трупаха съкровища, докато безкрайните дни се търкаляха бързо.
Les chiens n'avaient pas grand-chose à faire, à part transporter de la viande de temps en temps.
Кучетата нямаха много какво да правят, освен да мъкнат месо от време на време.
Thornton chassait et tuait le gibier, et Buck restait allongé près du feu.
Торнтън ловуваше и убиваше дивеча, а Бък лежеше край огъня.
Il a passé de longues heures en silence, perdu dans ses pensées et ses souvenirs.
Той прекарваше дълги часове в мълчание, потънал в мисли и спомени.
L'image de l'homme poilu revenait de plus en plus souvent à l'esprit de Buck.
Образът на косматия мъж все по-често се появяваше в съзнанието на Бък.
Maintenant que le travail se faisait rare, Buck rêvait en clignant des yeux devant le feu.

Сега, когато работата беше оскъдна, Бък замечта, докато примигваше към огъня.

Dans ces rêves, Buck errait avec l'homme dans un autre monde.

В тези сънища Бък се скиташе с мъжа в друг свят.

La peur semblait être le sentiment le plus fort dans ce monde lointain.

Страхът изглеждаше най-силното чувство в този далечен свят.

Buck vit l'homme poilu dormir avec la tête baissée.

Бък видя как косматият мъж спи с ниско наведена глава.

Ses mains étaient jointes et son sommeil était agité et interrompu.

Ръцете му бяха стиснати, а сънят му беше неспокоен и накъсан.

Il se réveillait en sursaut et regardait avec crainte dans le noir.

Той се събуждаше стряскащо и се взираше уплашено в тъмнината.

Ensuite, il jetait plus de bois sur le feu pour garder la flamme vive.

След това хвърляше още дърва в огъня, за да поддържа пламъка ярък.

Parfois, ils marchaient le long d'une plage au bord d'une mer grise et infinie.

Понякога се разхождаха по плажа край сиво, безкрайно море.

L'homme poilu ramassait des coquillages et les mangeait en marchant.

Косматият мъж браше миди и ги ядеше, докато вървеше.

Ses yeux cherchaient toujours des dangers cachés dans l'ombre.

Очите му винаги търсеха скрити опасности в сенките.

Ses jambes étaient toujours prêtes à sprinter au premier signe de menace.

Краката му винаги бяха готови да спринтират при първия знак за заплаха.

Ils rampaient à travers la forêt, silencieux et méfiants, côte à côte.
Те се промъкваха през гората, мълчаливи и предпазливи, един до друг.
Buck le suivit sur ses talons, et tous deux restèrent vigilants.
Бък го следваше по петите и двамата бяха нащрек.
Leurs oreilles frémissaient et bougeaient, leurs nez reniflaient l'air.
Ушите им потрепваха и се движеха, носовете им подушваха въздуха.
L'homme pouvait entendre et sentir la forêt aussi intensément que Buck.
Мъжът можеше да чува и подушва гората толкова остро, колкото и Бък.
L'homme poilu se balançait à travers les arbres avec une vitesse soudaine.
Косматият мъж се залюля през дърветата с внезапна скорост.
Il sautait de branche en branche, sans jamais lâcher prise.
Той скачаше от клон на клон, без никога да пропуска хватката си.
Il se déplaçait aussi vite au-dessus du sol que sur celui-ci.
Той се движеше толкова бързо над земята, колкото и по нея.
Buck se souvenait des longues nuits passées sous les arbres, à veiller.
Бък си спомни дългите нощи под дърветата, докато беше нащрек.
L'homme dormait perché dans les branches, s'accrochant fermement.
Мъжът спеше свит в клоните, здраво прилепнал към тях.
Cette vision de l'homme poilu était étroitement liée à l'appel des profondeurs.
Това видение на косматия мъж беше тясно свързано с дълбокия зов.
L'appel résonnait toujours à travers la forêt avec une force obsédante.

Зовът все още отекваше през гората с пронизителна сила.
L'appel remplit Buck de désir et d'un sentiment de joie incessant.
Зовът изпълни Бък с копнеж и неспокойно чувство на радост.
Il ressentait d'étranges pulsions et des frémissements qu'il ne pouvait nommer.
Той усещаше странни импулси и вълнения, които не можеше да назове.
Parfois, il suivait l'appel au plus profond des bois tranquilles.
Понякога той следваше зова дълбоко в тихата гора.
Il cherchait l'appel, aboyant doucement ou fort au fur et à mesure.
Той търсеше зова, лаейки тихо или остро, докато се движеше.
Il renifla la mousse et la terre noire où poussaient les herbes.
Той подуши мъха и черната почва, където растяха тревите.
Il renifla de plaisir aux riches odeurs de la terre profonde.
Той изсумтя от удоволствие от богатите миризми на дълбоката земя.
Il s'est accroupi pendant des heures derrière des troncs couverts de champignons.
Той се е свивал с часове зад стволове, покрити с гъбички.
Il resta immobile, écoutant les yeux écarquillés chaque petit bruit.
Той стоеше неподвижно, слушайки с широко отворени очи всеки малък звук.
Il espérait peut-être surprendre la chose qui avait lancé l'appel.
Може би се е надявал да изненада нещото, което е дало обаждането.
Il ne savait pas pourquoi il agissait de cette façon, il le faisait simplement.
Той не знаеше защо се държи по този начин — просто го правеше.

Les pulsions venaient du plus profond de moi, au-delà de la pensée ou de la raison.
Поривите идваха дълбоко отвътре, отвъд мисълта или разума.
Des envies irrésistibles s'emparèrent de Buck sans avertissement ni raison.
Неустоими импулси обзеха Бък без предупреждение или причина.
Parfois, il somnolait paresseusement dans le camp sous la chaleur de midi.
Понякога той дремеше лениво в лагера под обедната жега.
Soudain, sa tête se releva et ses oreilles se dressèrent en alerte.
Внезапно главата му се вдигна и ушите му наостриха глави.
Puis il se leva d'un bond et se précipita dans la nature sans s'arrêter.
После скочи и се втурна в дивата природа без да се спира.
Il a couru pendant des heures à travers les sentiers forestiers et les espaces ouverts.
Той тичаше с часове по горски пътеки и открити пространства.
Il aimait suivre les lits des ruisseaux asséchés et espionner les oiseaux dans les arbres.
Той обичаше да следва пресъхналите корита на потоците и да наблюдава птиците по дърветата.
Il pouvait rester caché toute la journée, à regarder les perdrix se pavaner.
Можеше да лежи скрит по цял ден, гледайки как яребици се разхождат наоколо.
Ils tambourinaient et marchaient, inconscients de la présence de Buck.
Те биеха барабани и маршируваха, без да осъзнават все още присъствието на Бък.
Mais ce qu'il aimait le plus, c'était courir au crépuscule en été.

Но това, което най-много обичаше, беше да тича по здрач през лятото.
La faible lumière et les bruits endormis de la forêt le remplissaient de joie.
Приглушената светлина и сънливите горски звуци го изпълваха с радост.
Il lisait les panneaux forestiers aussi clairement qu'un homme lit un livre.
Той четеше горските знаци толкова ясно, колкото човек чете книга.
Et il cherchait toujours la chose étrange qui l'appelait.
И той винаги търсеше странното нещо, което го зовеше.
Cet appel ne s'est jamais arrêté : il l'atteignait qu'il soit éveillé ou endormi.
Това зовене никога не спираше – достигаше до него, независимо дали е буден или спящ.

Une nuit, il se réveilla en sursaut, les yeux perçants et les oreilles hautes.
Една нощ той се събуди стряскащо, с остър поглед и наострени уши.
Ses narines se contractaient tandis que sa crinière se dressait en vagues.
Ноздрите му потрепнаха, докато гривата му настръхна на вълни.
Du plus profond de la forêt, le son résonna à nouveau, le vieil appel.
От дълбините на гората отново се чу звукът, старият зов.
Cette fois, le son résonnait clairement, un hurlement long, obsédant et familier.
Този път звукът прозвуча ясно, дълъг, пронизващ, познат вой.
C'était comme le cri d'un husky, mais d'un ton étrange et sauvage.
Беше като вик на хъски, но странен и див по тон.
Buck reconnut immédiatement le son – il avait entendu exactement le même son depuis longtemps.

Бък разпозна звука веднага — беше чул точно този звук отдавна.

Il sauta à travers le camp et disparut rapidement dans les bois.

Той прескочи лагера и бързо изчезна в гората.

Alors qu'il s'approchait du bruit, il ralentit et se déplaça avec précaution.

Докато се приближаваше към звука, той забави ход и се движеше внимателно.

Bientôt, il atteignit une clairière entre d'épais pins.

Скоро стигна до поляна между гъсти борови дървета.

Là, debout sur ses pattes arrière, était assis un loup des bois grand et maigre.

Там, изправен на задните си крака, седеше висок, слаб горски вълк.

Le nez du loup pointait vers le ciel, résonnant toujours de l'appel.

Носът на вълка сочеше към небето, все още повтаряйки зова.

Buck n'avait émis aucun son, mais le loup s'arrêta et écouta.

Бък не издаде и звук, но вълкът спря и се ослуша.

Sentant quelque chose, le loup se tendit, scrutant l'obscurité.

Усещайки нещо, вълкът се напрегна, оглеждайки тъмнината.

Buck apparut en rampant, le corps bas, les pieds immobiles sur le sol.

Бък се промъкна в полезрението, с приведено тяло и спокойно стъпили крака на земята.

Sa queue était droite, son corps enroulé sous la tension.

Опашката му беше права, тялото му свито от напрежение.

Il a montré à la fois une menace et une sorte d'amitié brutale.

Той показваше едновременно заплаха и един вид грубо приятелство.

C'était le salut prudent partagé par les bêtes sauvages.

Това беше предпазливият поздрав, споделян от дивите зверове.

Mais le loup se retourna et s'enfuit dès qu'il vit Buck.
Но вълкът се обърна и избяга веднага щом видя Бък.
Buck se lança à sa poursuite, sautant sauvagement, désireux de le rattraper.
Бък го преследваше, скачайки диво, нетърпелив да го настигне.
Il suivit le loup dans un ruisseau asséché bloqué par un embâcle.
Той последва вълка в пресъхнал поток, блокиран от дървена преграда.
Acculé, le loup se retourna et tint bon.
Притиснат в ъгъла, вълкът се обърна и застана на мястото си.
Le loup grognait et claquait comme un chien husky pris au piège dans un combat.
Вълкът изръмжа и щракна като хванато в капан хъски по време на бой.
Les dents du loup claquaient rapidement, son corps se hérissant d'une fureur sauvage.
Зъбите на вълка щракаха бързо, тялото му ежвееше от дива ярост.
Buck n'attaqua pas mais encercla le loup avec une gentillesse prudente.
Бък не атакува, а обиколи вълка с внимателна дружелюбност.
Il a essayé de bloquer sa fuite par des mouvements lents et inoffensifs.
Той се опита да блокира бягството си с бавни, безобидни движения.
Le loup était méfiant et effrayé : Buck le dépassait trois fois.
Вълкът беше предпазлив и уплашен — Бък го надделяваше три пъти.
La tête du loup atteignait à peine l'épaule massive de Buck.
Главата на вълка едва стигаше до масивното рамо на Бък.
À l'affût d'une brèche, le loup s'est enfui et la poursuite a repris.

В очакване на пролука, вълкът побягна и преследването започна отново.
Plusieurs fois, Buck l'a coincé et la danse s'est répétée.
Няколко пъти Бък го притисна в ъгъла и танцът се повтори.
Le loup était maigre et faible, sinon Buck n'aurait pas pu l'attraper.
Вълкът беше слаб и слаб, иначе Бък не би могъл да го хване.
Chaque fois que Buck s'approchait, le loup se retournait et lui faisait face avec peur.
Всеки път, когато Бък се приближаваше, вълкът се обръщаше и се изправяше срещу него уплашено.
Puis, à la première occasion, il s'est précipité dans les bois une fois de plus.
Тогава при първа възможност той отново се втурна в гората.
Mais Buck n'a pas abandonné et finalement le loup a fini par lui faire confiance.
Но Бък не се отказал и най-накрая вълкът започнал да му се доверява.
Il renifla le nez de Buck, et les deux devinrent joueurs et alertes.
Той подуши носа на Бък и двамата станаха игриви и бдителни.
Ils jouaient comme des animaux sauvages, féroces mais timides dans leur joie.
Те играеха като диви животни, свирепи, но и плахи в радостта си.
Au bout d'un moment, le loup s'éloigna au trot avec un calme déterminé.
След известно време вълкът се отдалечи спокойно и целеустремено.
Il a clairement montré à Buck qu'il voulait être suivi.
Той ясно показа на Бък, че възнамерява да бъде последван.
Ils couraient côte à côte dans l'obscurité du crépuscule.
Те тичаха един до друг през сумрака.

Ils suivirent le lit du ruisseau jusqu'à la gorge rocheuse.
Те следваха коритото на потока нагоре в скалистия пролом.
Ils traversèrent une ligne de partage des eaux froide où le ruisseau avait pris sa source.
Те прекосиха студен вододел, откъдето потокът беше започнал.
Sur la pente la plus éloignée, ils trouvèrent une vaste forêt et de nombreux ruisseaux.
На далечния склон откриха широка гора и много потоци.
À travers ce vaste territoire, ils ont couru pendant des heures sans s'arrêter.
През тази необятна земя те тичаха с часове без да спират.
Le soleil se leva plus haut, l'air devint chaud, mais ils continuèrent à courir.
Слънцето се издигна по-високо, въздухът се затопли, но те продължиха да тичат.
Buck était rempli de joie : il savait qu'il répondait à son appel.
Бък беше изпълнен с радост — знаеше, че отговаря на зова си.
Il courut à côté de son frère de la forêt, plus près de la source de l'appel.
Той тичаше до горския си брат, по-близо до източника на зова.
De vieux sentiments sont revenus, puissants et difficiles à ignorer.
Старите чувства се завърнаха, силни и трудни за игнориране.
C'étaient les vérités derrière les souvenirs de ses rêves.
Това бяха истините зад спомените от сънищата му.
Il avait déjà fait tout cela auparavant, dans un monde lointain et obscur.
Беше правил всичко това и преди в един далечен и сенчест свят.
Il recommença alors, courant librement avec le ciel ouvert au-dessus.

Сега той направи това отново, тичайки лудо сред откритото небе над него.
Ils s'arrêtèrent près d'un ruisseau pour boire l'eau froide qui coulait.
Те спряха до един поток, за да пият от студената течаща вода.
Alors qu'il buvait, Buck se souvint soudain de John Thornton.
Докато пиеше, Бък внезапно си спомни за Джон Торнтън.
Il s'assit en silence, déchiré par l'attrait de la loyauté et de l'appel.
Той седна мълчаливо, разкъсван от влечението на лоялността и призванието.
Le loup continua à trotter, mais revint pour pousser Buck à avancer.
Вълкът продължи да тича, но се върна, за да подкара Бък напред.
Il renifla son nez et essaya de le cajoler avec des gestes doux.
Той подуши носа си и се опита да го примами с нежни жестове.
Mais Buck se retourna et reprit le chemin par lequel il était venu.
Но Бък се обърна и тръгна обратно по пътя, по който беше дошъл.
Le loup courut à côté de lui pendant un long moment, gémissant doucement.
Вълкът тичаше до него дълго време, тихо скимтейки.
Puis il s'assit, leva le nez et poussa un long hurlement.
После седна, вдигна нос и издаде дълъг вой.
C'était un cri lugubre, qui s'adoucit à mesure que Buck s'éloignait.
Това беше тъжен вик, който отслабна, когато Бък се отдалечи.
Buck écouta le son du cri s'estomper lentement dans le silence de la forêt.
Бък слушаше как звукът на вика бавно заглъхва в горската тишина.

John Thornton était en train de dîner lorsque Buck a fait irruption dans le camp.
Джон Торнтън вечеряше, когато Бък нахлу в лагера.
Buck sauta sauvagement sur lui, le léchant, le mordant et le faisant culbuter.
Бък скочи диво върху него, облизвайки го, хапейки го и го събаряйки.
Il l'a renversé, s'est hissé dessus et l'a embrassé sur le visage.
Той го събори, покатери се отгоре и го целуна по лицето.
Thornton appelait cela avec affection « jouer le fou du commun ».
Торнтън с обич нарече това „игра на обикновен глупак".
Pendant tout ce temps, il maudissait doucement Buck et le secouait d'avant en arrière.
През цялото време той нежно ругаеше Бък и го разтърсваше напред-назад.
Pendant deux jours et deux nuits entières, Buck n'a pas quitté le camp une seule fois.
В продължение на цели два дни и нощи Бък нито веднъж не напусна лагера.
Il est resté proche de Thornton et ne l'a jamais quitté des yeux.
Той държеше близо до Торнтън и никога не го изпускаше от поглед.
Il le suivait pendant qu'il travaillait et le regardait pendant qu'il mangeait.
Той го следваше, докато работеше, и го наблюдаваше, докато ядеше.
Il voyait Thornton dans ses couvertures la nuit et dehors chaque matin.
Той виждаше Торнтън да се завива с одеялата вечер и да излиза всяка сутрин.
Mais bientôt l'appel de la forêt revint, plus fort que jamais.
Но скоро горският зов се завърна, по-силен от всякога.
Buck devint à nouveau agité, agité par les pensées du loup sauvage.

Бък отново се разтревожи, развълнуван от мислите за дивия вълк.
Il se souvenait de la terre ouverte et de la course côte à côte.
Той си спомни откритата земя и бягането един до друг.
Il commença à errer à nouveau dans la forêt, seul et alerte.
Той отново започна да се скита из гората, сам и нащрек.
Mais le frère sauvage ne revint pas et le hurlement ne fut pas entendu.
Но дивият брат не се върна и воят не се чу.
Buck a commencé à dormir dehors, restant absent pendant des jours.
Бък започна да спи навън, като стоеше далеч с дни.
Une fois, il traversa la haute ligne de partage des eaux où le ruisseau commençait.
Веднъж той прекоси високия вододел, където беше започнал потокът.
Il entra dans le pays des bois sombres et des larges ruisseaux.
Той навлезе в земята на тъмни гори и широко течащи потоци.
Pendant une semaine, il a erré, à la recherche de signes de son frère sauvage.
В продължение на седмица той се скиташе, търсейки следи от дивия си брат.
Il tuait sa propre viande et voyageait à grands pas, sans relâche.
Той сам си убиваше месото и пътуваше с дълги, неуморни крачки.
Il pêchait le saumon dans une large rivière qui se jetait dans la mer.
Той ловил сьомга в широка река, която стигала до морето.
Là, il combattit et tua un ours noir rendu fou par les insectes.
Там той се би и уби черна мечка, подлудена от буболечки.
L'ours était en train de pêcher et courait aveuglément à travers les arbres.
Мечката лови риба и тичаше на сляпо през дърветата.

La bataille fut féroce, réveillant le profond esprit combatif de Buck.
Битката беше ожесточена, събуждайки дълбокия боен дух на Бък.
Deux jours plus tard, Buck est revenu et a trouvé des carcajous près de sa proie.
Два дни по-късно Бък се завърнал и открил върколаци на мястото на убийството си.
Une douzaine d'entre eux se disputaient la viande avec une fureur bruyante.
Дузина от тях се караха шумно и яростно за месото.
Buck chargea et les dispersa comme des feuilles dans le vent.
Бък се нахвърли върху тях и ги разпръсна като листа на вятъра.
Deux loups restèrent derrière, silencieux, sans vie et immobiles pour toujours.
Два вълка останаха назад — мълчаливи, безжизнени и неподвижни завинаги.
La soif de sang était plus forte que jamais.
Жаждата за кръв стана по-силна от всякога.
Buck était un chasseur, un tueur, se nourrissant de créatures vivantes.
Бък беше ловец, убиец, хранещ се с живи същества.
Il a survécu seul, en s'appuyant sur sa force et ses sens aiguisés.
Той оцеля сам, разчитайки на силата и острите си сетива.
Il prospérait dans la nature, où seuls les plus résistants pouvaient vivre.
Той процъфтяваше в дивата природа, където само най-издръжливите можеха да живеят.
De là, une grande fierté s'éleva et remplit tout l'être de Buck.
От това се надигна голяма гордост и изпълни цялото същество на Бък.
Sa fierté se reflétait dans chacun de ses pas, dans le mouvement de chacun de ses muscles.

Гордостта му личеше във всяка негова стъпка, в пулсирането на всеки мускул.
Sa fierté était aussi claire qu'un discours, visible dans la façon dont il se comportait.
Гордостта му беше ясна като думите, личеше от начина, по който се държеше.
Même son épais pelage semblait plus majestueux et brillait davantage.
Дори дебелата му козина изглеждаше по-величествена и блестеше по-ярко.
Buck aurait pu être confondu avec un loup géant.
Бък можеше да бъде сбъркан с гигантски горски вълк.
À l'exception du brun sur son museau et des taches au-dessus de ses yeux.
С изключение на кафявото по муцуната и петната над очите.
Et la traînée de fourrure blanche qui courait au milieu de sa poitrine.
И бялата ивица козина, която се спускаше по средата на гърдите му.
Il était encore plus grand que le plus grand loup de cette race féroce.
Той беше дори по-едър от най-големия вълк от тази свирепа порода.
Son père, un Saint-Bernard, lui a donné de la taille et une ossature lourde.
Баща му, санбернар, му е дал ръст и тежка фигура.
Sa mère, une bergère, a façonné cette masse en forme de loup.
Майка му, овчарка, оформи това едро във форма на вълк.
Il avait le long museau d'un loup, bien que plus lourd et plus large.
Имаше дългата муцуна на вълк, макар и по-тежка и по-широка.
Sa tête était celle d'un loup, mais construite à une échelle massive et majestueuse.

Главата му беше вълча, но изградена с масивен, величествен мащаб.
La ruse de Buck était la ruse du loup et de la nature.
Хитростта на Бък беше хитростта на вълка и на дивото.
Son intelligence lui vient à la fois du berger allemand et du Saint-Bernard.
Интелигентността му идваше както от немската овчарка, така и от санбернар.
Tout cela, ajouté à une expérience difficile, faisait de lui une créature redoutable.
Всичко това, плюс суровия опит, го превърна в страховито същество.
Il était aussi redoutable que n'importe quelle bête qui parcourait les régions sauvages du nord.
Той беше толкова страховит, колкото всеки звяр, бродещ из северната дива природа.
Ne se nourrissant que de viande, Buck a atteint le sommet de sa force.
Живеейки само на месо, Бък достигна пълния пик на силата си.
Il débordait de puissance et de force masculine dans chaque fibre de son être.
Той преливаше от сила и мъжка мощ във всяка своя фибра.
Lorsque Thornton lui caressait le dos, ses poils brillaient d'énergie.
Когато Торнтън го погали по гърба, космите му заискриха от енергия.
Chaque cheveu crépitait, chargé du contact du magnétisme vivant.
Всеки косъм пращеше, зареден с докосването на жив магнетизъм.
Son corps et son cerveau étaient réglés sur le ton le plus fin possible.
Тялото и мозъкът му бяха настроени на възможно най-финия тон.

Chaque nerf, chaque fibre et chaque muscle fonctionnaient en parfaite harmonie.
Всеки нерв, влакно и мускул работеха в перфектна хармония.
À tout son ou toute vue nécessitant une action, il répondait instantanément.
На всеки звук или гледка, изискващи действие, той реагираше мигновено.
Si un husky sautait pour attaquer, Buck pouvait sauter deux fois plus vite.
Ако хъски скочи да атакува, Бък можеше да скочи два пъти по-бързо.
Il a réagi plus vite que les autres ne pouvaient le voir ou l'entendre.
Той реагира по-бързо, отколкото другите можеха дори да видят или чуят.
La perception, la décision et l'action se sont produites en un seul instant fluide.
Възприятието, решението и действието се случиха в един плавен момент.
En vérité, ces actes étaient distincts, mais trop rapides pour être remarqués.
Всъщност тези действия бяха отделни, но твърде бързи, за да бъдат забелязани.
Les intervalles entre ces actes étaient si brefs qu'ils semblaient n'en faire qu'un.
Толкова кратки бяха паузите между тези действия, че те изглеждаха като едно цяло.
Ses muscles et son être étaient comme des ressorts étroitement enroulés.
Мускулите и тялото му бяха като плътно навити пружини.
Son corps débordait de vie, sauvage et joyeux dans sa puissance.
Тялото му кипеше от живот, диво и радостно в своята мощ.
Parfois, il avait l'impression que la force allait jaillir de lui entièrement.

Понякога имаше чувството, че силата ще избухне напълно от него.

« Il n'y a jamais eu un tel chien », a déclaré Thornton un jour tranquille.

„Никога не е имало такова куче", каза Торнтън един тих ден.

Les partenaires regardaient Buck sortir fièrement du camp.

Партньорите наблюдаваха как Бък гордо се отдалечава от лагера.

« Lorsqu'il a été créé, il a changé ce que pouvait être un chien », a déclaré Pete.

„Когато беше създаден, той промени това, което едно куче може да бъде", каза Пит.

« Par Jésus ! Je le pense moi-même », acquiesça rapidement Hans.

— „За бога! И аз така мисля" — бързо се съгласи Ханс.

Ils l'ont vu s'éloigner, mais pas le changement qui s'est produit après.

Видяха го как си тръгва, но не и промяната, която последва.

Dès qu'il est entré dans les bois, Buck s'est complètement transformé.

Щом влезе в гората, Бък се преобрази напълно.

Il ne marchait plus, mais se déplaçait comme un fantôme sauvage parmi les arbres.

Той вече не маршируваше, а се движеше като див призрак сред дърветата.

Il devint silencieux, les pieds comme un chat, une lueur traversant les ombres.

Той замълча, с котешки крака, като проблясък, преминаващ през сенки.

Il utilisait la couverture avec habileté, rampant sur le ventre comme un serpent.

Той използваше прикритието си умело, пълзейки по корем като змия.

Et comme un serpent, il pouvait bondir en avant et frapper en silence.

И като змия, той можеше да скочи напред и да удари безшумно.
Il pourrait voler un lagopède directement dans son nid caché.
Можеше да открадне яребица директно от скритото ѝ гнездо.
Il a tué des lapins endormis sans un seul bruit.
Той убиваше спящи зайци без нито един звук.
Il pouvait attraper des tamias en plein vol alors qu'ils fuyaient trop lentement.
Той можеше да хване бурундуци във въздуха, докато бягаха твърде бавно.
Même les poissons dans les bassins ne pouvaient échapper à ses attaques soudaines.
Дори рибите в локвите не можеха да избегнат внезапните му удари.
Même les castors astucieux qui réparaient les barrages n'étaient pas à l'abri de lui.
Дори умните бобри, които поправяха язовири, не бяха в безопасност от него.
Il tuait pour se nourrir, pas pour le plaisir, mais il préférait tuer ses propres victimes.
Той убиваше за храна, не за забавление — но най-много обичаше собствените си жертви.
Pourtant, un humour sournois traversait certaines de ses chasses silencieuses.
И все пак, през някои от мълчаливите му ловни занимания се прокрадваше лукава нотка на хумор.
Il s'est approché des écureuils, mais les a laissés s'échapper.
Той се промъкна близо до катерици, само за да ги остави да избягат.
Ils allaient fuir vers les arbres, bavardant dans une rage effrayée.
Те щяха да избягат към дърветата, бърборейки от страховито възмущение.
À l'arrivée de l'automne, les orignaux ont commencé à apparaître en plus grand nombre.

С настъпването на есента, лосовете започнаха да се появяват в по-голям брой.

Ils se sont déplacés lentement vers les basses vallées pour affronter l'hiver.

Те се придвижваха бавно в ниските долини, за да посрещнат зимата.

Buck avait déjà abattu un jeune veau errant.

Бък вече беше уловил едно младо, бездомно теле.

Mais il aspirait à affronter des proies plus grandes et plus dangereuses.

Но той копнееше да се изправи пред по-голяма, по-опасна плячка.

Un jour, à la ligne de partage des eaux, à la tête du ruisseau, il trouva sa chance.

Един ден на вододела, при извора на потока, той намери своя шанс.

Un troupeau de vingt orignaux avait traversé des terres boisées.

Стадо от двадесет лоса беше преминало от гористи местности.

Parmi eux se trouvait un puissant taureau, le chef du groupe.

Сред тях беше могъщ бик; водачът на групата.

Le taureau mesurait plus de six pieds de haut et avait l'air féroce et sauvage.

Бикът беше висок над шест фута и изглеждаше свиреп и див.

Il lança ses larges bois, quatorze pointes se ramifiant vers l'extérieur.

Той разпери широките си рога, четиринадесет върха разклоняващи се навън.

Les extrémités de ces bois s'étendaient sur sept pieds de large.

Върховете на тези рога се простираха на два метра ширина.

Ses petits yeux brûlaient de rage lorsqu'il aperçut Buck à proximité.

Малките му очи пламнаха от ярост, когато забеляза Бък наблизо.

Il poussa un rugissement furieux, tremblant de fureur et de douleur.

Той издаде яростен рев, треперейки от ярост и болка.

Une pointe de flèche sortait près de son flanc, empennée et pointue.

Връх на стрела стърчеше близо до хълбока му, оперен и остър.

Cette blessure a contribué à expliquer son humeur sauvage et amère.

Тази рана помагаше да се обясни дивото му, огорчено настроение.

Buck, guidé par un ancien instinct de chasseur, a fait son mouvement.

Бък, воден от древен ловен инстинкт, направи своя ход.

Son objectif était de séparer le taureau du reste du troupeau.

Той имаше за цел да отдели бика от останалата част от стадото.

Ce n'était pas une tâche facile : il fallait de la rapidité et une ruse féroce.

Това не беше лесна задача — изискваше бързина и свирепа хитрост.

Il aboyait et dansait près du taureau, juste hors de portée.

Той лаеше и танцуваше близо до бика, точно извън обсега му.

L'élan s'est précipité avec d'énormes sabots et des bois mortels.

Лосът се нахвърли с огромни копита и смъртоносни рога.

Un seul coup aurait pu mettre fin à la vie de Buck en un clin d'œil.

Един удар можеше да сложи край на живота на Бък за миг.

Incapable de laisser la menace derrière lui, le taureau devint fou.

Неспособен да остави заплахата зад гърба си, бикът се разяри.

Il chargea avec fureur, mais Buck s'échappa toujours.
Той се нахвърли яростно върху него, но Бък винаги се изплъзваше.
Buck simula une faiblesse, l'attirant plus loin du troupeau.
Бък се престори на слаб, примамвайки го по-далеч от стадото.
Mais les jeunes taureaux allaient charger pour protéger le leader.
Но младите бикове щяха да се втурнат в атака, за да защитят водача.
Ils ont forcé Buck à battre en retraite et le taureau à rejoindre le groupe.
Те принудиха Бък да се оттегли, а бикът да се присъедини към групата.
Il y a une patience dans la nature, profonde et imparable.
В дивото има търпение, дълбоко и неудържимо.
Une araignée attend immobile dans sa toile pendant d'innombrables heures.
Паяк чака неподвижно в мрежата си безброй часове.
Un serpent s'enroule sans tressaillement et attend que son heure soit venue.
Змията се увива без да потрепва и чака, докато дойде времето й.
Une panthère se tient en embuscade, jusqu'à ce que le moment arrive.
Пантера дебне в засада, докато настъпи подходящият момент.
C'est la patience des prédateurs qui chassent pour survivre.
Това е търпението на хищниците, които ловуват, за да оцелеят.
Cette même patience brûlait à l'intérieur de Buck alors qu'il restait proche.
Същото търпение гореше и в Бък, докато стоеше наблизо.
Il resta près du troupeau, ralentissant sa marche et suscitant la peur.
Той остана близо до стадото, забавяйки похода му и всявайки страх.

Il taquinait les jeunes taureaux et harcelait les vaches mères.
Той дразнеше младите бикове и тормозеше майките крави.

Il a plongé le taureau blessé dans une rage encore plus profonde et impuissante.
Той докара ранения бик до още по-дълбока, безпомощна ярост.

Pendant une demi-journée, le combat s'est prolongé sans aucun répit.
В продължение на половин ден битката се проточи без никаква почивка.

Buck attaquait sous tous les angles, rapide et féroce comme le vent.
Бък атакуваше от всеки ъгъл, бърз и свиреп като вятъра.

Il a empêché le taureau de se reposer ou de se cacher avec son troupeau.
Той не позволявал на бика да си почине или да се скрие със стадото си.

Le cerf a épuisé la volonté de l'élan plus vite que son corps.
Бък изтощи волята на лоса по-бързо от тялото му.

La journée passa et le soleil se coucha bas dans le ciel du nord-ouest.
Денят отмина и слънцето се спусна ниско в северозападното небе.

Les jeunes taureaux revinrent plus lentement pour aider leur chef.
Младите бикове се върнаха по-бавно, за да помогнат на водача си.

Les nuits d'automne étaient revenues et l'obscurité durait désormais six heures.
Есенните нощи се бяха завърнали и тъмнината вече траеше шест часа.

L'hiver les poussait vers des vallées plus sûres et plus chaudes.
Зимата ги притискаше надолу към по-безопасни, по-топли долини.

Mais ils ne pouvaient toujours pas échapper au chasseur qui les retenait.
Но все пак не можеха да избягат от ловеца, който ги държеше.

Une seule vie était en jeu : pas celle du troupeau, mais celle de leur chef.
Само един живот беше заложен на карта — не на стадото, а само на водача им.

Cela rendait la menace lointaine et non leur préoccupation urgente.
Това правеше заплахата далечна и не ги правеше неотложна грижа.

Au fil du temps, ils ont accepté ce prix et ont laissé Buck prendre le vieux taureau.
С времето те приеха тази цена и позволиха на Бък да вземе стария бик.

Alors que le crépuscule s'installait, le vieux taureau se tenait debout, la tête baissée.
Докато се спускаше здрач, старият бик стоеше с наведена глава.

Il regarda le troupeau qu'il avait conduit disparaître dans la lumière déclinante.
Той наблюдаваше как стадото, което беше повел, изчезва в гаснещата светлина.

Il y avait des vaches qu'il avait connues, des veaux qu'il avait autrefois engendrés.
Имаше крави, които познаваше, телета, чиито баща някога беше отгледал.

Il y avait des taureaux plus jeunes qu'il avait combattus et dominés au cours des saisons précédentes.
Имаше по-млади бикове, с които се беше борил и които беше управлявал в минали сезони.

Il ne pouvait pas les suivre, car Buck était à nouveau accroupi devant lui.
Той не можеше да ги последва — защото пред него отново се беше свил Бък.

La terreur impitoyable aux crocs bloquait tous les chemins qu'il pouvait emprunter.
Безмилостният ужас с остри зъби блокираше всеки път, който можеше да поеме.
Le taureau pesait plus de trois cents livres de puissance dense.
Бикът тежеше повече от триста килограма плътна сила.
Il avait vécu longtemps et s'était battu avec acharnement dans un monde de luttes.
Той беше живял дълго и се беше борил упорито в свят на борби.
Mais maintenant, à la fin, la mort venait d'une bête bien en dessous de lui.
И все пак сега, накрая, смъртта идваше от звяр, далеч под него.
La tête de Buck n'atteignait même pas les énormes genoux noueux du taureau.
Главата на Бък дори не стигна до огромните, свити колене на бика.
À partir de ce moment, Buck resta avec le taureau nuit et jour.
От този момент нататък Бък остана с бика денем и нощем.
Il ne lui a jamais laissé de repos, ne lui a jamais permis de brouter ou de boire.
Той никога не му даваше почивка, никога не му позволяваше да пасе или да пие.
Le taureau a essayé de manger de jeunes pousses de bouleau et des feuilles de saule.
Бикът се опита да яде млади брезови издънки и върбови листа.
Mais Buck le repoussa, toujours alerte et toujours attaquant.
Но Бък го отблъсна, винаги нащрек и винаги атакуващ.
Même dans les ruisseaux qui ruisselaient, Buck bloquait toute tentative assoiffée.
Дори при тихите потоци Бък блокираше всеки жаден опит.
Parfois, par désespoir, le taureau s'enfuyait à toute vitesse.

Понякога, в отчаяние, бикът бягаше с пълна скорост.
Buck le laissa courir, galopant calmement juste derrière, jamais très loin.
Бък го остави да тича, подскачайки спокойно точно зад него, никога не се отдалечавайки.
Lorsque l'élan s'arrêta, Buck s'allongea, mais resta prêt.
Когато лосът спря, Бък легна, но остана готов.
Si le taureau essayait de manger ou de boire, Buck frappait avec une fureur totale.
Ако бикът се опиташе да яде или пие, Бък удряше с пълна ярост.
La grosse tête du taureau s'affaissait sous ses vastes bois.
Голямата глава на бика хлътна още по-ниско под огромните му рога.
Son rythme ralentit, le trot devint lourd, une marche trébuchante.
Темпото му се забави, тръсът стана тежък; препъваща се походка.
Il restait souvent immobile, les oreilles tombantes et le nez au sol.
Той често стоеше неподвижно с увиснали уши и нос към земята.
Pendant ces moments-là, Buck prenait le temps de boire et de se reposer.
През тези моменти Бък отделяше време да пие и да си почива.
La langue tirée, les yeux fixés, Buck sentait que la terre était en train de changer.
С изплезен език и втренчен поглед, Бък усети, че земята се променя.
Il sentit quelque chose de nouveau se déplacer dans la forêt et dans le ciel.
Той усети нещо ново да се движи през гората и небето.
Avec le retour des orignaux, d'autres créatures sauvages ont fait de même.
Със завръщането на лосовете се завръщаха и други дивите същества.

La terre semblait vivante, avec une présence invisible mais fortement connue.
Земята се усещаше жива с присъствие, невидима, но силно позната.
Ce n'était ni par l'ouïe, ni par la vue, ni par l'odorat que Buck le savait.
Бък не знаеше това по звук, зрение или обоняние.
Un sentiment plus profond lui disait que de nouvelles forces étaient en mouvement.
По-дълбоко чувство му подсказваше, че нови сили са в движение.
Une vie étrange s'agitait dans les bois et le long des ruisseaux.
Странен живот се раздвижваше из горите и покрай потоците.
Il a décidé d'explorer cet esprit, une fois la chasse terminée.
Той реши да изследва този дух, след като ловът приключи.
Le quatrième jour, Buck a finalement abattu l'élan.
На четвъртия ден Бък най-накрая свали лоса.
Il est resté près de la proie pendant une journée et une nuit entières, se nourrissant et se reposant.
Той остана до жертвата цял ден и нощ, хранейки се и почивайки.
Il mangea, puis dormit, puis mangea à nouveau, jusqu'à ce qu'il soit fort et rassasié.
Той яде, после спеше, после пак яде, докато не се нахрани и не се насити.
Lorsqu'il fut prêt, il retourna vers le camp et Thornton.
Когато беше готов, той се обърна обратно към лагера и Торнтън.
D'un pas régulier, il commença le long voyage de retour vers la maison.
С равномерна крачка той започна дългото пътуване обратно към дома.
Il courait d'un pas infatigable, heure après heure, sans jamais s'égarer.

Той тичаше неуморно, час след час, без нито веднъж да се отклони.
À travers des terres inconnues, il se déplaçait droit comme l'aiguille d'une boussole.
През непознати земи той се движеше праволинейно като стрелка на компас.
Son sens de l'orientation faisait paraître l'homme et la carte faibles en comparaison.
Чувството му за посока караше човекът и картата да изглеждат слаби в сравнение с него.
Tandis que Buck courait, il sentait plus fortement l'agitation dans la terre sauvage.
Докато Бък тичаше, той усещаше все по-силно раздвижването в дивата земя.
C'était un nouveau genre de vie, différent de celui des mois calmes de l'été.
Това беше нов вид живот, различен от този през спокойните летни месеци.
Ce sentiment n'était plus un message subtil ou distant.
Това чувство вече не идваше като едва доловим или далечен сигнал.
Maintenant, les oiseaux parlaient de cette vie et les écureuils en bavardaient.
Сега птиците говореха за този живот, а катериците бъбреха за него.
Même la brise murmurait des avertissements à travers les arbres silencieux.
Дори бризът нашепваше предупреждения през тихите дървета.
Il s'arrêta à plusieurs reprises et respira l'air frais du matin.
Няколко пъти той спираше и подушваше свежия сутрешен въздух.
Il y lut un message qui le fit bondir plus vite en avant.
Той прочете там съобщение, което го накара да скочи напред по-бързо.
Un lourd sentiment de danger l'envahit, comme si quelque chose s'était mal passé.

Тежко чувство за опасност го изпълни, сякаш нещо се беше объркало.
Il craignait qu'une catastrophe ne se produise – ou ne soit déjà arrivée.
Той се страхуваше, че бедствието идва — или вече е дошло.
Il franchit la dernière crête et entra dans la vallée en contrebas.
Той прекоси последния хребет и влезе в долината отдолу.
Il se déplaçait plus lentement, alerte et prudent à chaque pas.
Той се движеше по-бавно, бдителен и предпазлив с всяка стъпка.
À trois milles de là, il trouva une piste fraîche qui le fit se raidir.
На три мили разстояние той намери прясна следа, която го накара да се вцепени.
Les cheveux le long de son cou ondulaient et se hérissaient d'alarme.
Косата по врата му настръхна и се накъдри от тревога.
Le sentier menait directement au camp où Thornton attendait.
Пътеката водеше право към лагера, където чакаше Торнтън.
Buck se déplaçait désormais plus rapidement, sa foulée à la fois silencieuse et rapide.
Бък се движеше по-бързо сега, крачката му беше едновременно безшумна и бърза.
Ses nerfs se sont resserrés lorsqu'il a lu des signes que d'autres allaient manquer.
Нервите му се стегнаха, докато разчиташе знаци, които другите щяха да пропуснат.
Chaque détail du sentier racontait une histoire, sauf le dernier morceau.
Всеки детайл от пътеката разказваше история – с изключение на последната част.
Son nez lui parlait de la vie qui s'était déroulée ici.

Носът му разказваше за живота, който беше преминал по този път.
L'odeur lui donnait une image changeante alors qu'il le suivait de près.
Миризмата му придаде променяща се картина, докато го следваше плътно зад него.
Mais la forêt elle-même était devenue silencieuse, anormalement immobile.
Но самата гора беше притихнала; неестествено неподвижна.
Les oiseaux avaient disparu, les écureuils étaient cachés, silencieux et immobiles.
Птиците бяха изчезнали, катериците се бяха скрили, мълчаливи и неподвижни.
Il n'a vu qu'un seul écureuil gris, allongé sur un arbre mort.
Той видя само една сива катерица, просната върху едно мъртво дърво.
L'écureuil se fondait dans la masse, raide et immobile comme une partie de la forêt.
Катерицата се сля с тълпата, скована и неподвижна като част от гората.
Buck se déplaçait comme une ombre, silencieux et sûr à travers les arbres.
Бък се движеше като сянка, безшумно и сигурно през дърветата.
Son nez se souleva sur le côté comme s'il était tiré par une main invisible.
Носът му се изви настрани, сякаш го дръпна невидима ръка.
Il se retourna et suivit la nouvelle odeur jusqu'au plus profond d'un fourré.
Той се обърна и последва новата миризма дълбоко в гъсталака.
Là, il trouva Nig, étendu mort, transpercé par une flèche.
Там той намери Ниг, проснат мъртъв, пронизан от стрела.
La flèche traversa son corps, laissant encore apparaître ses plumes.

Стрелата преминала през тялото му, перата все още се виждали.
Nig s'était traîné jusqu'ici, mais il était mort avant d'avoir pu obtenir de l'aide.
Ниг се беше довлякъл до там, но умря, преди да стигне до помощ.
Une centaine de mètres plus loin, Buck trouva un autre chien de traîneau.
Стотина метра по-нататък Бък намери друго куче за впряг.
C'était un chien que Thornton avait racheté à Dawson City.
Това беше куче, което Торнтън беше купил още от Доусън Сити.
Le chien était en proie à une lutte à mort, se débattant violemment sur le sentier.
Кучето се бореше на смърт, блъскайки се силно по пътеката.
Buck le contourna sans s'arrêter, les yeux fixés devant lui.
Бък го подмина, без да спира, с очи, вперени напред.
Du côté du camp venait un chant lointain et rythmé.
Откъм лагера се чуваше далечно, ритмично скандиране.
Les voix s'élevaient et retombaient sur un ton étrange, inquiétant et chantant.
Гласове се издигаха и затихваха със странен, зловещ, напевен тон.
Buck rampa jusqu'au bord de la clairière en silence.
Бък пропълзя мълчаливо напред към края на поляната.
Là, il vit Hans étendu face contre terre, percé de nombreuses flèches.
Там той видя Ханс да лежи по лице надолу, пронизан от много стрели.
Son corps ressemblait à celui d'un porc-épic, hérissé de plumes.
Тялото му приличаше на таралеж, осеяно с пернати стрели.
Au même moment, Buck regarda vers le pavillon en ruine.
В същия момент Бък погледна към разрушената хижа.

Cette vue lui fit dresser les cheveux sur la nuque et les épaules.
Гледката накара косата му да настръхне по врата и раменете.
Une tempête de rage sauvage parcourut tout le corps de Buck.
Буря от дива ярост заля цялото тяло на Бък.
Il grogna à haute voix, même s'il ne savait pas qu'il l'avait fait.
Той изръмжа на глас, макар че не знаеше, че го е направил.
Le son était brut, rempli d'une fureur terrifiante et sauvage.
Звукът беше суров, изпълнен с ужасяваща, дива ярост.
Pour la dernière fois de sa vie, Buck a perdu la raison au profit de l'émotion.
За последен път в живота си Бък загуби разум и емоции.
C'est l'amour pour John Thornton qui a brisé son contrôle minutieux.
Любовта към Джон Торнтън беше тази, която наруши внимателното му самообладание.
Les Yeehats dansaient autour de la hutte en épicéa détruite.
Йийхатите танцуваха около разрушената хижа от смърч.
Puis un rugissement retentit et une bête inconnue chargea vers eux.
Тогава се чу рев — и непознат звяр се втурна към тях.
C'était Buck ; une fureur en mouvement ; une tempête vivante de vengeance.
Това беше Бък; ярост в движение; жива буря от отмъщение.
Il se jeta au milieu d'eux, fou du besoin de tuer.
Той се хвърли сред тях, обезумял от нуждата да убива.
Il sauta sur le premier homme, le chef Yeehat, et frappa juste.
Той скочи към първия мъж, вожда на йихатците, и удари право в целта.
Sa gorge fut déchirée et du sang jaillit à flots.
Гърлото му беше разкъсано и кръв бликаше на струя.

Buck ne s'arrêta pas, mais déchira la gorge de l'homme suivant d'un seul bond.
Бък не спря, а с един скок разкъса гърлото на следващия мъж.
Il était inarrêtable : il déchirait, taillait, ne s'arrêtait jamais pour se reposer.
Той беше неудържим - разкъсваше, разсичаше, никога не спираше за почивка.
Il s'élança et bondit si vite que leurs flèches ne purent l'atteindre.
Той се стрелна и подскочи толкова бързо, че стрелите им не можаха да го докоснат.
Les Yeehats étaient pris dans leur propre panique et confusion.
Йийхатите бяха обзети от собствена паника и объркване.
Leurs flèches manquèrent Buck et se frappèrent l'une l'autre à la place.
Стрелите им не улучиха Бък и вместо това се улучиха една в друга.
Un jeune homme a lancé une lance sur Buck et a touché un autre homme.
Един младеж хвърли копие по Бък и улучи друг мъж.
La lance lui transperça la poitrine, la pointe lui transperçant le dos.
Копието прониза гърдите му, а върхът му се разпиля в гърба.
La terreur s'empara des Yeehats et ils se mirent en retraite.
Ужас обзе йихатците и те се втурнаха в пълно отстъпление.
Ils crièrent à l'Esprit Maléfique et s'enfuirent dans les ombres de la forêt.
Те изкрещяха за Злия Дух и избягаха в горските сенки.
Vraiment, Buck était comme un démon alors qu'il poursuivait les Yeehats.
Наистина, Бък беше като демон, докато гонеше Йийхатите.

Il les poursuivit à travers la forêt, les faisant tomber comme des cerfs.
Той се втурна след тях през гората, поваляйки ги като елени.

Ce fut un jour de destin et de terreur pour les Yeehats effrayés.
Това се превърна в ден на съдба и ужас за уплашените йихати.

Ils se dispersèrent à travers le pays, fuyant au loin dans toutes les directions.
Те се разпръснаха по земята, бягайки надалеч във всички посоки.

Une semaine entière s'est écoulée avant que les derniers survivants ne se retrouvent dans une vallée.
Мина цяла седмица, преди последните оцелели да се срещнат в една долина.

Ce n'est qu'alors qu'ils ont compté leurs pertes et parlé de ce qui s'était passé.
Едва тогава те преброиха загубите си и говориха за случилото се.

Buck, après s'être lassé de la chasse, retourna au camp en ruine.
Бък, след като се умори от преследването, се върна в разрушения лагер.

Il a trouvé Pete, toujours dans ses couvertures, tué lors de la première attaque.
Той намери Пийт, все още с одеялата си, убит при първата атака.

Les signes du dernier combat de Thornton étaient marqués dans la terre à proximité.
Следи от последната борба на Торнтън бяха отбелязани в пръстта наблизо.

Buck a suivi chaque trace, reniflant chaque marque jusqu'à un point final.
Бък проследи всяка следа, подушвайки всяка маркировка до крайната точка.

Au bord d'un bassin profond, il trouva le fidèle Skeet, allongé immobile.

На ръба на дълбок вир той намери верния Скийт, който лежеше неподвижно.

La tête et les pattes avant de Skeet étaient dans l'eau, immobiles dans la mort.

Главата и предните лапи на Скийт бяха във водата, неподвижни в смъртта.

La piscine était boueuse et contaminée par les eaux de ruissellement provenant des écluses.

Басейнът беше кален и замърсен с оттичащи се води от шлюзовите кутии.

Sa surface nuageuse cachait ce qui se trouvait en dessous, mais Buck connaissait la vérité.

Облачната му повърхност криеше какво се криеше отдолу, но Бък знаеше истината.

Il a suivi l'odeur de Thornton dans la piscine, mais l'odeur ne menait nulle part ailleurs.

Той проследи миризмата на Торнтън в басейна, но миризмата не водеше никъде другаде.

Aucune odeur ne menait à l'extérieur, seulement le silence des eaux profondes.

Нямаше никакъв аромат, който да води навън — само тишината на дълбоката вода.

Toute la journée, Buck resta près de la piscine, arpentant le camp avec chagrin.

Цял ден Бък прекара близо до вира, крачейки из лагера обзет от скръб.

Il errait sans cesse ou restait assis, immobile, perdu dans ses pensées.

Той се скиташе неспокойно или седеше неподвижно, потънал в тежки мисли.

Il connaissait la mort, la fin de la vie, la disparition de tout mouvement.

Той познаваше смъртта; края на живота; изчезването на всяко движение.

Il comprit que John Thornton était parti et ne reviendrait jamais.
Той разбираше, че Джон Торнтън го няма и никога няма да се върне.
La perte a laissé en lui un vide qui palpitait comme la faim.
Загубата остави в него празнота, която пулсираше като глад.
Mais c'était une faim que la nourriture ne pouvait apaiser, peu importe la quantité qu'il mangeait.
Но това беше глад, който храната не можеше да утоли, независимо колко ядеше.
Parfois, alors qu'il regardait les Yeehats morts, la douleur s'estompait.
Понякога, докато гледаше мъртвите Йийхати, болката отшумяваше.
Et puis une étrange fierté monta en lui, féroce et complète.
И тогава в него се надигна странна гордост, свирепа и безкрайна.
Il avait tué l'homme, le gibier le plus élevé et le plus dangereux de tous.
Той беше убил човек, най-висшата и най-опасна игра от всички.
Il avait tué au mépris de l'ancienne loi du gourdin et des crocs.
Той беше убил, нарушавайки древния закон на тоягата и зъба.
Buck renifla leurs corps sans vie, curieux et pensif.
Бък подуши безжизнените им тела, любопитен и замислен.
Ils étaient morts si facilement, bien plus facilement qu'un husky dans un combat.
Бяха умрели толкова лесно — много по-лесно от хъски в бой.
Sans leurs armes, ils n'avaient aucune véritable force ni menace.
Без оръжията си те нямаха истинска сила или заплаха.

Buck n'aurait plus jamais peur d'eux, à moins qu'ils ne soient armés.
Бък никога повече нямаше да се страхува от тях, освен ако не бяха въоръжени.
Ce n'est que lorsqu'ils portaient des gourdins, des lances ou des flèches qu'il se méfiait.
Само когато носеха тояги, копия или стрели, той щеше да внимава.

La nuit tomba et une pleine lune se leva au-dessus de la cime des arbres.
Падна нощ и пълна луна се издигна високо над върховете на дърветата.
La pâle lumière de la lune baignait la terre d'une douce lueur fantomatique, comme le jour.
Бледата светлина на луната обливаше земята в меко, призрачно сияние, подобно на дневен блясък.
Alors que la nuit s'approfondissait, Buck pleurait toujours au bord de la piscine silencieuse.
Докато нощта се сгъстяваше, Бък продължаваше да скърби край тихия вир.
Puis il prit conscience d'un autre mouvement dans la forêt.
Тогава той усети различно раздвижване в гората.
L'agitation ne venait pas des Yeehats, mais de quelque chose de plus ancien et de plus profond.
Раздвижването не идваше от Йийхатите, а от нещо по-старо и по-дълбоко.
Il se leva, les oreilles dressées, le nez testant la brise avec précaution.
Той се изправи, надигна уши и внимателно провери нос от вятъра.
De loin, un cri faible et aigu perça le silence.
Отдалеч се чу слаб, остър вик, който проряза тишината.
Puis un chœur de cris similaires suivit de près le premier.
След това, веднага след първия, се разнесе хор от подобни викове.

Le bruit se rapprochait, devenant plus fort à chaque instant qui passait.
Звукът се приближаваше, усилвайки се с всеки изминал момент.

Buck connaissait ce cri : il venait de cet autre monde dans sa mémoire.
Бък познаваше този вик — той идваше от онзи друг свят в паметта му.

Il se dirigea vers le centre de l'espace ouvert et écouta attentivement.
Той отиде до центъра на откритото пространство и се ослуша внимателно.

L'appel retentit, multiple et plus puissant que jamais.
Зовът прозвуча, многозвучен и по-силен от всякога.

Et maintenant, plus que jamais, Buck était prêt à répondre à son appel.
И сега, повече от всякога, Бък беше готов да откликне на призива си.

John Thornton était mort et il ne lui restait plus aucun lien avec l'homme.
Джон Торнтън беше мъртъв и в него не остана никаква връзка с човека.

L'homme et toutes ses prétentions avaient disparu : il était enfin libre.
Човекът и всички човешки претенции бяха изчезнали — той най-накрая беше свободен.

La meute de loups chassait de la viande comme les Yeehats l'avaient fait autrefois.
Вълчата глутница гонеше месо, както някога са правили йехатите.

Ils avaient suivi les orignaux depuis les terres boisées.
Те бяха проследили лосове от гористите земи.

Maintenant, sauvages et affamés de proies, ils traversèrent sa vallée.
Сега, диви и жадни за плячка, те прекосиха неговата долина.

Ils arrivèrent dans la clairière éclairée par la lune, coulant comme de l'eau argentée.
В осветената от лунната светлина поляна те се стичаха като сребърна вода.
Buck se tenait immobile au centre, les attendant.
Бък стоеше неподвижно в центъра, неподвижен и ги чакаше.
Sa présence calme et imposante a stupéfié la meute et l'a plongée dans un bref silence.
Спокойното му, едро присъствие зашемети глутницата и я погълна за кратко.
Alors le loup le plus audacieux sauta droit sur lui sans hésitation.
Тогава най-смелият вълк скочи право върху него без колебание.
Buck frappa vite et brisa le cou du loup d'un seul coup.
Бък удари бързо и счупи врата на вълка с един удар.
Il resta immobile à nouveau tandis que le loup mourant se tordait derrière lui.
Той отново застана неподвижно, докато умиращият вълк се извиваше зад него.
Trois autres loups ont attaqué rapidement, l'un après l'autre.
Още три вълка атакуваха бързо, един след друг.
Chacun d'eux s'est retiré en sang, la gorge ou les épaules tranchées.
Всеки отстъпваше, кървейки, с прерязани гърла или рамене.
Cela a suffi à déclencher une charge sauvage de toute la meute.
Това беше достатъчно, за да предизвика дива атака на цялата глутница.
Ils se précipitèrent ensemble, trop impatients et trop nombreux pour bien frapper.
Те се втурнаха заедно, твърде нетърпеливи и претъпкани, за да ударят добре.
La vitesse et l'habileté de Buck lui ont permis de rester en tête de l'attaque.

Скоростта и умението на Бък му позволиха да изпревари атаката.

Il tournait sur ses pattes arrière, claquant et frappant dans toutes les directions.

Той се завъртя на задните си крака, щракайки и удряйки във всички посоки.

Pour les loups, cela donnait l'impression que sa défense ne s'était jamais ouverte ou n'avait jamais faibli.

За вълците това изглеждаше сякаш защитата му никога не се е отваряла или поклащала.

Il s'est retourné et a frappé si vite qu'ils ne pouvaient pas passer derrière lui.

Той се обърна и замахна толкова бързо, че не можаха да го задържат зад гърба си.

Néanmoins, leur nombre l'obligea à céder du terrain et à reculer.

Въпреки това, броят им го принуди да отстъпи и да се оттегли.

Il passa devant la piscine et descendit dans le lit rocheux du ruisseau.

Той подмина вира и се спусна в каменистото корито на потока.

Là, il se heurta à un talus abrupt de gravier et de terre.

Там той се натъкна на стръмен бряг от чакъл и пръст.

Il s'est retrouvé coincé dans un coin coupé lors des fouilles des mineurs.

Той се вмъкна в ъглов изрез по време на старото копаене на миньорите.

Désormais protégé sur trois côtés, Buck ne faisait face qu'au loup de devant.

Сега, защитен от три страни, Бък се изправяше срещу само предния вълк.

Là, il se tenait à distance, prêt pour la prochaine vague d'assaut.

Там той стоеше встрани, готов за следващата вълна от атаки.

Buck a tenu bon si farouchement que les loups ont reculé.

Бък отстояваше позициите си толкова яростно, че вълците се отдръпнаха.

Au bout d'une demi-heure, ils étaient épuisés et visiblement vaincus.

След половин час те бяха изтощени и видимо победени.

Leurs langues pendaient, leurs crocs blancs brillaient au clair de lune.

Езиците им висяха, белите им зъби блестяха на лунна светлина.

Certains loups se sont couchés, la tête levée, les oreilles dressées vers Buck.

Няколко вълци легнаха, с вдигнати глави и наострени уши към Бък.

D'autres restaient immobiles, vigilants et observant chacun de ses mouvements.

Други стояха неподвижно, нащрек и наблюдаваха всяко негово движение.

Quelques-uns se sont dirigés vers la piscine et ont bu de l'eau froide.

Няколко души се разходиха до басейна и се напиха със студена вода.

Puis un loup gris, long et maigre, s'avança doucement.

Тогава един висок, слаб сив вълк се промъкна напред по нежен начин.

Buck le reconnut : c'était le frère sauvage de tout à l'heure.

Бък го позна — това беше дивият брат от преди.

Le loup gris gémit doucement, et Buck répondit par un gémissement.

Сивият вълк изскимтя тихо, а Бък отговори с хленчене.

Ils se touchèrent le nez, tranquillement et sans menace ni peur.

Те докоснаха носовете си, тихо и без заплаха или страх.

Ensuite est arrivé un loup plus âgé, maigre et marqué par de nombreuses batailles.

След това дойде един по-възрастен вълк, измършавял и белязан от много битки.

Buck commença à grogner, mais s'arrêta et renifla le nez du vieux loup.
Бък започна да ръмжи, но спря и подуши носа на стария вълк.
Le vieux s'assit, leva le nez et hurla à la lune.
Старецът седна, вдигна нос и залая към луната.
Le reste de la meute s'assit et se joignit au long hurlement.
Останалата част от глутницата седна и се присъедини към продължителния вой.
Et maintenant, l'appel est venu à Buck, indubitable et fort.
И сега зовът достигна до Бък, безпогрешен и силен.
Il s'assit, leva la tête et hurla avec les autres.
Той седна, вдигна глава и зави заедно с останалите.
Lorsque les hurlements ont cessé, Buck est sorti de son abri rocheux.
Когато воят спря, Бък излезе от скалистия си заслон.
La meute se referma autour de lui, reniflant à la fois gentiment et avec prudence.
Глутницата се обгърна около него, душейки едновременно любезно и предпазливо.
Les chefs ont alors poussé un cri et se sont précipités dans la forêt.
Тогава водачите извикаха и се втурнаха в гората.
Les autres loups suivirent, hurlant en chœur, sauvages et rapides dans la nuit.
Другите вълци ги последваха, виейки в хор, диви и бързи в нощта.
Buck courait avec eux, à côté de son frère sauvage, hurlant en courant.
Бък тичаше с тях, редом с дивия си брат, и виеше, докато тичаше.

Ici, l'histoire de Buck fait bien de se terminer.
Тук историята на Бък е добре да стигне до своя край.
Dans les années qui suivirent, les Yeehats remarquèrent d'étranges loups.
В следващите години йехатите забелязали странни вълци.

Certains avaient du brun sur la tête et le museau, du blanc sur la poitrine.
Някои имаха кафяво на главите и муцуните, бяло на гърдите.
Mais plus encore, ils craignaient une silhouette fantomatique parmi les loups.
Но още повече се страхуваха от призрачна фигура сред вълците.
Ils parlaient à voix basse du Chien Fantôme, chef de la meute.
Те говореха шепнешком за Кучето-призрак, водач на глутницата.
Ce chien fantôme était plus rusé que le plus audacieux des chasseurs Yeehat.
Това Куче-призрак беше по-хитро от най-смелия ловец на йихати.
Le chien fantôme a volé dans les camps en plein hiver et a déchiré leurs pièges.
Кучето-призрак крадеше от лагери в дълбока зима и разкъсваше капаните им.
Le chien fantôme a tué leurs chiens et a échappé à leurs flèches sans laisser de trace.
Кучето-призрак уби кучетата им и избяга от стрелите им безследно.
Même leurs guerriers les plus courageux craignaient d'affronter cet esprit sauvage.
Дори най-смелите им воини се страхуваха да се изправят срещу този див дух.
Non, l'histoire devient encore plus sombre à mesure que les années passent dans la nature.
Не, историята става още по-мрачна с течение на годините в дивата природа.
Certains chasseurs disparaissent et ne reviennent jamais dans leurs camps éloignés.
Някои ловци изчезват и никога не се връщат в далечните си лагери.
D'autres sont retrouvés la gorge arrachée, tués dans la neige.

Други са намерени с разкъсани гърла, убити в снега.
Autour de leur corps se trouvent des traces plus grandes que celles que n'importe quel loup pourrait laisser.
Около телата им има следи – по-големи от тези, които който и да е вълк би могъл да остави.
Chaque automne, les Yeehats suivent la piste de l'élan.
Всяка есен Йихатите следват следите на лоса.
Mais ils évitent une vallée avec la peur profondément gravée dans leur cœur.
Но те избягват една долина със страх, дълбоко вдълбан в сърцата им.
Ils disent que la vallée a été choisie par l'Esprit du Mal pour y vivre.
Казват, че долината е избрана от Злия Дух за свой дом.
Et quand l'histoire est racontée, certaines femmes pleurent près du feu.
И когато историята се разказва, някои жени плачат край огъня.
Mais en été, un visiteur vient dans cette vallée tranquille et sacrée.
Но през лятото един посетител идва в тази тиха, свещена долина.
Les Yeehats ne le connaissent pas et ne peuvent pas le comprendre.
Йихатите не го познават, нито биха могли да го разберат.
Le loup est un grand loup, revêtu de gloire, comme aucun autre de son espèce.
Вълкът е страхотен, облян в слава, не като никой друг от неговия вид.
Lui seul traverse le bois vert et entre dans la clairière de la forêt.
Той сам прекосява зелената гора и влиза в горската поляна.
Là, la poussière dorée des sacs en peau d'élan s'infiltre dans le sol.
Там златен прах от чували от лосова кожа се просмуква в почвата.

L'herbe et les vieilles feuilles ont caché le jaune du soleil.
Трева и старите листа са скрили жълтото от слънцето.
Ici, le loup se tient en silence, réfléchissant et se souvenant.
Ето, вълкът стои мълчаливо, мисли и си спомня.
Il hurle une fois, longuement et tristement, avant de se retourner pour partir.
Той извиква веднъж — продължително и тъжно — преди да се обърне да си тръгне.
Mais il n'est pas toujours seul au pays du froid et de la neige.
И все пак той не винаги е сам в страната на студа и снега.
Quand les longues nuits d'hiver descendent sur les basses vallées.
Когато дългите зимни нощи се спуснат над долните долини.
Quand les loups suivent le gibier à travers le clair de lune et le gel.
Когато вълците преследват дивеча през лунна светлина и мраз.
Puis il court en tête du peloton, sautant haut et sauvagement.
След това той тича начело на глутницата, скачайки високо и диво.
Sa silhouette domine les autres, sa gorge est animée par le chant.
Формата му се извисява над останалите, гърлото му е пълно с песен.
C'est le chant du monde plus jeune, la voix de la meute.
Това е песента на по-младия свят, гласът на глутницата.
Il chante en courant, fort, libre et toujours sauvage.
Той пее, докато тича – силен, свободен и вечно див.

www.tranzlaty.com

www.ingramcontent.com/pod-product-compliance
Lightning Source LLC
Chambersburg PA
CBHW010754040426
42333CB00063B/2764